小学生走近诗词名家

U0868969

走近李白

总 主 编:赵培敏　方亮辉

本册主编:李益友

本册编写:倪敏敏　徐松炬　王鲁宁　余　悦
郑佳琪　朱　玲　方　芳　吴　晓
冯　旭　戎立平　赵书艺　周林燕
蔡燕娜

ZHEJIANG UNIVERSITY PRESS
浙江大学出版社
·杭州·

图书在版编目(CIP)数据

走近李白 / 李益友主编. — 杭州 : 浙江大学出版社，2022.9

(小学生走近诗词名家)

ISBN 978-7-308-23009-4

Ⅰ.①走… Ⅱ.①李… Ⅲ.①李白(701—762)—人物研究—文集②李白(701—762)—唐诗—诗歌研究—文集 Ⅳ.①K825.6—53②I207.227.422—53

中国版本图书馆 CIP 数据核字(2022)第 165262 号

走近李白

ZOUJIN LIBAI

总 主 编 赵培敏　方亮辉

本册主编 李益友

责任编辑 王品方

责任校对 丁佳雯

封面设计 刘依群

出版发行 浙江大学出版社

(杭州市天目山路 148 号　邮政编码 310007)

(网址：http://www.zjupress.com)

排　　版 杭州星云光电图文制作有限公司

印　　刷 杭州钱江彩色印务有限公司

开　　本 710mm×1000mm　1/16

印　　张 5.5

字　　数 131 千

版 印 次 2022 年 9 月第 1 版　2022 年 9 月第 1 次印刷

书　　号 ISBN 978-7-308-23009-4

定　　价 20.00 元

写在前面的话

亲爱的小读者：

在这本书中，小雅将陪着你通过读李白的诗、读注释、读评论，走进诗仙李白。

道袍飘飘，自带仙气，仰望明月，对酒当歌，这便是被贺知章誉为“谪仙人”的李白。他是盛唐乃至整个中国古代文学史上的一个“文化地标”，是中国千年诗歌史上最闪耀的一颗巨星。

李白“自带光环”，是盛唐时期文坛“顶流”，圈粉无数，连“诗圣”杜甫都是他最忠实的粉丝。我们总能在孩童口中听到“床前明月光，疑是地上霜”；送别时总会吟起“孤帆远影碧空尽，唯见长江天际流”；看到高挂在山巅的瀑布，会惊叹“飞流直下三千尺，疑是银河落九天”；苦闷彷徨之时，会高呼“长风破浪会有时，直挂云帆济沧海”。李白的诗妇孺皆知，老少咸宜，他用浪漫豪情描绘了一个大唐盛世。

他是“诗仙”，也是“酒仙”。“李白斗酒诗百篇，长安市上酒家眠。”“但愿长醉不复醒”，他的业余生活不是在喝酒，就是在去喝酒的路上，“五花马，千金裘”在他眼里皆可换美酒。李白流传下来的近千首诗作中，有百余首写到饮酒。酒是李白心灵的慰藉，更是他创作的源泉。

李白能文还能武，他“十五好剑术”，习得一身武艺，据说剑术非同一般。他以游侠自居，仗剑远游，足迹遍布大半个中国，是个不折不扣的资深“驴友”，如果那个时候有网络，有旅游论坛，李白一定会是论坛的总版主。

这就是我们这个民族的浪漫诗人。他留给世人的不仅仅是一首首精彩绝伦的诗歌、一段段流传千古的轶事，其中更是彰显了大唐恢宏的盛世气派，张扬了中华民族的独特个性。

在这本书中，我们按照李白的人生历程将他的诗歌与后人对他的评价分为五章，其中在“胸怀大志，自荐出仕”“得意长安，失意长安”“漫游南北，交游往来”“壮志未酬，谪仙陨落”四章中，可以感受他诗歌的雄奇飘逸；在第五章“豪情太白，千古诗仙”里，可以了解后人对他的评价。在每一节学习中，小雅会和你一起“四步走”读李白的诗：在“诗意探究”中借助注释，读懂诗歌；在“诗情感悟”中透过文字，体会情感；在“诗句赏析”中品析名句，诵读积累；在“拓展延伸”中搜集阅读李诗以及其他相关的诗。相信你一定会被诗仙的才华所折服，被他的豪情所震撼；同时，也相信你会在不知不觉中找到读古诗的密钥，把阅读的方法运用到学习和生活中。

你们的大朋友小雅

2021 年夏于宁波

目　录

第一章　胸怀大志，自荐出仕

小雅说

李白，真是一个传奇人物。

他的传奇从出生就开始了。李白生于长安元年(701)，关于他的出生地，有很多种说法，据考证最有代表性的是这两种：一是说李白出生在中亚碎叶(现在的吉尔吉斯斯坦境内)，五岁时迁回蜀中绵州昌隆(今四川江油)，算是个“海归派”；另一说法是他生于蜀中绵州青莲乡。关于他的名字由来，也是一个传奇，据说他的母亲生他时，梦见了太白金星，所以为他起名“白”，字“太白”。

李白的老爹生意做得风生水起，但在古代，商人地位低下，因此他老爹一心盼着儿子好好念书，出人头地。好在他的儿子也争气，少年时期就显露出非凡的才能，五岁的时候就可以背诵“六甲”，十五岁的时候作赋便得到了许多人的赞赏。所谓“读万卷书，行万里路”，李白从此也开启了“驴友”生涯。他先是省内游，拜访川蜀大山，求师问道。在这一阶段他开始对道家思想产生了浓厚的兴趣，并且进行深入研究。

开元十二年(724)，二十四岁的李白开始了“仗剑去国，辞亲远游”的全国游。他有两个理想：一是当宰相；二是做皇帝的老师。这似乎有些不切实际，可这就是狂放不羁的李白。他不愿意像一般人那样参加科举考试，从基层小官做起，他要“一飞冲天”“一鸣惊人”，这种求官之路也是一种传奇。

在十年间，他走南闯北，四处游历，结交好友。尤其是在长安的三年，他拜谒名流，希望得到引荐，可写了N封自荐信都石沉大海，他感叹着"行路难，归去来"，离开长安。十多年漫游，在"求职之路"上虽一事无成，但他的诗文却已扬名天下、声名煊赫。

第一节　赏峨眉月景抒怀

李白五岁起发愤读书，十五岁已有诗赋多篇，得到了社会名流的推崇，是远近闻名的天才。他受道家思想影响，好剑术，爱云游，生性潇洒不羁，想过神仙一般自由自在、无拘无束的日子。他在蜀地（今四川）生活了近二十年，游遍了蜀中的大好山河，增长了不少阅历和见识。

开元十二年（724），二十四岁的李白决心辞亲远游，看看外面的世界。这是他首次出蜀，而他波澜壮阔的一生也自此开启。

这一年秋天，李白辞别了故乡的峨眉山，从清溪下三峡，直奔渝州（今重庆）。漫漫旅程，只有两岸的美景相伴。泛一叶小舟行在江上，只见一轮皓月挂在峨眉山头，它将无边无际的光辉洒向山川原野，也洒向了宽阔的江面。

李白自小就喜欢月亮，尤其喜爱夜晚在月光下读书，这样的月夜美景，自然让李白陶醉其中。他站在船头，看着清澈的平羌江，聆听着江水拍打船身的声音，内心感觉无限平静。

就在此时，他望见了江面上倒映的那抹月影，刚刚离家的他内心倏然涌上了一股离别的忧伤。家乡的这轮明月伴随着李白成长，就如他的故友，抑或是亲人一般，此时，这明月仿佛是来为他送别的。他知道在自己未来的前行路途上，一定还有月亮相伴，但是家乡的这轮明月却再也不可见了。明明此时还未走远，但他却已经开始想念，他想起了家中的双亲，出门前执手相看泪眼，对他殷切叮嘱；想起结交已久的挚友，在酒肆一同举杯酣饮，畅想未来……这一走，不知以后还有没有再次相见的日子。

想到这，李白不由提笔写下了这首《峨眉山月歌》：

峨眉山月半轮秋①，
影入平羌②江水流。
夜发③清溪④向三峡，
思君⑤不见下渝州。

①半轮秋：半圆的秋月，指上弦月或下弦月，形似半个车轮。

②平羌(qiāng)：江名，即今青衣江，在峨眉山东北。

③发：出发。

④清溪：指清溪驿，属四川犍为，在峨眉山附近。

⑤君：指峨眉山月，一说指诗人的亲友。

诗意探究

1. 读读故事，再读读诗歌，从故事中画出能帮你理解诗歌的句子。

2. 借助上面的注释，进一步理解诗句的意思，完成下面的练习。

(1)根据意思划分停顿，再读一读。

①峨 眉 山 月 歌

②峨 眉 山 月 半 轮 秋，影 入 平 羌 江 水 流。

(2)这首诗写的季节是__________，可以从“__________”一词看出。

(3)诗中连用了五个地名，请你将这五个地名补充完整。

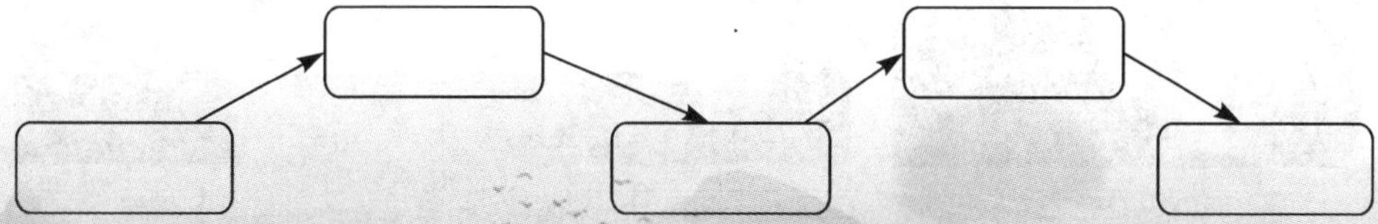

诗情感悟

1. 读完这首诗，你觉得诗中抒发了诗人怎样的情感？（　　）（多选）

A. 想建功立业的豪情壮志　　B. 对故乡的依依惜别之情

C. 前路迷茫的无奈和低落　　D. 对友人的思念之情

2. 如果要为这首诗选一首歌配乐朗读，你会选择以下哪一首？如果你对这些乐曲不太熟悉的话可以先上网找找资料听一下。（　　）

A.《二泉映月》　　B.《高山流水》

C.《山路十八弯》　　D.《十面埋伏》

诗句赏析

小雅助学

李白初次出蜀时创作了这首诗，这首诗只有短短的二十八个字，但诗人却连用了五个地名，这在绝句里是绝无仅有的。这五个地名巧妙地点明了李白此次出蜀的行程，整首诗如一幅“千里蜀江行旅图”，在我们面前徐徐展开。而“峨眉山月”这一艺术形象也贯穿了全诗，与诗人相随相伴，但却不可相近，可望又不可即，正如诗人的思乡、思友之情。李白把峨眉山月作为歌咏对象，通过咏月来寄托对故土的依依不舍之情。

1. 爱旅行的李白想发个朋友圈，记录此次旅程，他会选取以下哪张图片作为配图呢？（　　）

A.

B.

C.

2.在这首诗中，李白用了四个动词将五个地名连接在了一起，一幅美丽的“行旅图”跃然纸上。请你在诗中圈出这四个动词，并想一想，这几个动词的顺序可以交换吗？说说理由。

____

____

拓展延伸

《峨眉山月歌》重在一轮明月。这轮明月自古以来被文人墨客所吟诵，它被人们赋予了丰富的情感。李白曾写过很多和“月”有关的诗句，请你反复吟诵，品一品其中蕴藏的不同情感，并连一连。

举头望明月，低头思故乡	描写了孩童的天真烂漫之态
小时不识月，呼作白玉盘	展现了诗人思乡怀亲之情
月下飞天镜，云生结海楼	表达了诗人无人亲近的寂寞孤单之感
举杯邀明月，对影成三人	体现了诗人广阔的胸襟和开阔的视野

第二节　年少远游忆家乡

开元十二年(724),李白乘船沿长江顺流而下,辞别峨眉后,经过三峡通过荆门,奔向荆楚广阔的山川。

在荆门,年少的李白望着江面上前所未见的美景兴奋不已。一日,他又坐在船头饮酒,只见连绵不断的高山渐渐消失,取而代之的是一望无际的原野,滔滔江水流入广阔的原野,这与家乡的景色截然不同!此时的李白,连杯中的酒都忘了,举着杯子如痴如醉地看着眼前的一切。

晚上,李白借着月光俯视江面,江中的月影似天上飞来的一面明镜;白日,李白在舟中盘坐,仰望天空,云彩变幻无穷,结成了海市蜃楼般的奇妙景观。他看着这日月间的变化,一股叱咤于天地间的豪情壮志油然而生。他想到自己自小学文,五岁便能作诗,才华已然在乡人间闻名,此次出蜀,必将建立一番丰功伟业,让亲人朋友都为自己而骄傲。

思罢,李白低头望向这湾奔腾不息的江水。他蓦然想起,这江水也曾流经他的家乡,此时内心虽豪情万丈,但这毕竟是他第一次离开故土,思念之情在所难免。虽然自小就热爱出游,但家乡永远是他内心最柔软的一片天地。再看此时的江水,他的内心五味杂陈,这滔滔江水仿佛是一位家乡的亲人,正在向他诉说着无尽的不舍。想到这,李白不由叹了一口气,他多想在这荆门之上与故乡作一个正式的告别啊。

一首气势磅礴、想象瑰丽的五言律诗《渡荆门送别》由此诞生。

读了诗题后，猜猜诗歌主要写了什么内容呢？

____

____

渡荆门送别

渡远荆门外，来从楚国①游。

山随平野尽，江入大荒②流。

月下飞天镜③，云生结海楼④。

仍怜⑤故乡水，万里送行舟。

诗歌读完了，你觉得自己猜对了吗？

①楚国：指湖北一带，春秋时期属楚国。

②大荒：广阔无际的田野。

③月下飞天镜：明月倒映江中，如同飞下的天镜。下，移下。

④海楼：海市蜃楼，这里形容江上云霞的美丽景象。

⑤怜：怜爱。

诗意探究

1. 读读诗题，猜猜诗歌的主要内容，写在诗题旁方框内的横线上。

2. 借助上面的注释，进一步理解诗句的意思，完成下面的练习。

(1)诗人此次远游的出发地是____________，目的地是____________。

(2)美景如画，让人沉醉。李白乘着轻舟，看到了山川平野图、____________、水中明月图、____________，他不由陶醉其中。

诗情感悟

1. 结合故事仔细读一读这首诗，下面说法有误的一项是(　　)

A. 诗歌的首联开门见山，交代了这次旅途的出发地和目的地。

B. 诗歌的颔联写出了高山、平原的变换和大江的磅礴，体现了诗人广阔的胸襟。

C. 诗歌的颔联、颈联都是写景，且写作方法相同，都写了近处所见的美景，展现了诗人的浪漫主义情怀。

D. 尾联中的“送”用得巧妙，透露着诗人含蓄的思乡之情。

2. 一切景语皆情语，摘录诗中最能体现诗人思想感情的句子：“________________，________________。”这句话在朗读时，应该__________（选填：慷慨激昂/雄壮浑厚/低沉深情）。

诗句赏析

小雅助学

这首诗中，诗人以移步换景的手法见长。动景与静景、远景与近景的结合，为我们打开了一幅栩栩如生的“荆门送别图”。

一路行来，眼前的景色逐渐变幻。在过荆门一带时，已然是平原旷野，别是一番景色，正如诗句“山随平野尽”所写。这样的景色变幻，犹如电影中的一组活动的画面，给读者以动态美。“江入大荒流”则写出了江水穿过荆门后，奔腾不止、一泻千里的磅礴气势，更显诗人的境界高远。

写罢山峦、流水，诗人又给大家呈现了更为绝妙的景色。“月下飞天镜，云生结海楼”，分别写了黑夜与白昼时江面上不同的风光。黑夜时，明月如镜倒映在江面，显现了江面之平静；白昼时，云彩如海市蜃楼般变幻莫测，衬托了天空之高远，也让美景更富空间感和运动感。

1. 这首诗对仗工整、用词讲究，其中“山”对“_____”，“平野”对“_____”，“月”对“_____”，“天镜”对“_____”。请再写出一联这样对仗工整的诗句：“________________，________________。”

2. 你有泛舟江上的经历吗？你曾看到过怎样的江上美景呢？联系生活，用移步换景的手法写一写。

____

____

____

拓展延伸

请你以“山”字为令，补全诗句。

1. 山 ____ ____ ____ ____ ____ ____。

2. ____ 山 ____ ____ ____。

3. ____ ____ 山 ____ ____。

4. ____ ____ ____ 山 ____ ____ ____。

5. ____ ____ ____ ____ 山 ____ ____。

6. ____ ____ ____ ____ ____ 山 ____。

7. ____ ____ ____ ____ ____ ____ 山。

第三节 客居洛阳倍思乡

满心期许一鸣惊人的李白为了实现自己的政治理想，广为交游、四处拜访。这一年春天，他来到了洛阳，继续寻求获得惊天动地的政治突破。

那是一个再寻常不过的夜晚，夜幕刚刚罩住郁郁葱葱的树木，隔着细密的柳枝，远方的山尖托起一轮圆月。李白却辗转反侧，难以入眠，于是起身挑灯夜读。屋里的烛火被点燃了，火光一点点明亮起来，良久，整间房间都沐浴在烛光里，看起来暖暖的，仿佛春寒料峭与此处无关。

彼时窗外一曲笛声不期然响起，夜深人静，笛声清远而动听。李白被吸引住了，循声望去，却辨不清笛声来自何处。风吹过，笛声飘散在风中，随着绕城河的叮咚细语和柳叶的窃窃私语，飘满了整个洛阳城。

凝神静听，如此动人缥缈的笛乐，仿佛是《折杨柳》。是啊，听到这笛声的，谁不会动思乡之情呢？遥想自己当年背井离乡，亲友们就纷纷折柳相赠。而此次洛阳行前，妻儿亲友也是站在院子里，折了一枝柳。那么多年，妻子一向支持他出门为政治理想闯荡，对于他的远游，从来没有半句抱怨，但每次离开时，李白分明看见妻子转过身去，默默擦去眼角的泪水，去哄啼哭着的孩子们。

此时这笛声恰如烤得通亮的烙铁，“哧啦”一下烙在李白心上。这思乡之情绵绵不绝，弥漫在夜空中，缠绕在李白心头，抹不去，化不开。他不禁吟诵出《春夜洛城闻笛》：

谁家玉笛[①]暗飞声[②]，散入春风满洛城[③]。
此夜曲中闻[④]折柳[⑤]，何人不起故园[⑥]情。

①玉笛：笛子的美称。

②暗飞声：声音不知从何而来。

③洛城：今河南洛阳。

④闻：听，听见。

⑤折柳：《折杨柳》笛曲，曲中表达了送别时的哀怨感情。

⑥故园：指故乡，家乡。

诗意探究

1. 读读故事，再读读诗歌，从故事中画出能帮你理解诗歌的句子。

2. 借助上面的注释，进一步理解诗句的意思，完成下面的练习。

(1)根据诗歌意思，请给下列诗句标上正确的节奏，并试着读一读。

此 夜 曲 中 闻 折 柳，何 人 不 起 故 园 情。

(2)下面四幅图最符合诗中描写的场景的是(　　)

A.

B.

C.

D.

(3)诗中最能体现诗人被触发了思乡之情的句子是：“______________，______________。”

诗情感悟

1. 你觉得应该用怎样的语气朗读这首诗？（　　）

A. 沉郁顿挫　　B. 平静冷淡

C. 欢快愉悦　　D. 淡淡忧伤

2. 读完这首诗，你认为诗人在诗中表达了怎样的情感？（　　）

A. 听见佳乐后的惊喜与欢欣　B. 官场失意时的痛苦与无奈

C. 对故乡和亲人的思念眷恋　D. 对春天的喜爱之情

诗句赏析

小雅助学

李白在我国文学史上可谓是超一流的文学大家。他才气飞扬，这一生写的诗词作品无数，《春夜洛城闻笛》就是其中一首著名的思乡之作。全诗紧扣“闻笛”，抒写自己的感受，“折柳”两字更是全诗的关键。

杨柳的千种风姿、万种风情，无不洋溢着诗意。自古以来，历代文人墨客盛爱柳树，以柳入诗的不下千首。从《诗经》“昔我往矣，杨柳依依”开始，人们就开始将柳树与“不舍”挂钩。正是因为“柳枝依依”，含情脉脉，条条有情，“柳”又与“留”谐音，所以古人取其义，常借“柳”表示眷恋不舍，以“柳”相“留”。

古人送别时折柳，盼望亲人归来时也折柳。所以当诗人在深夜听到窗外传来缥缈的《折杨柳》曲时，羁旅思乡的客愁之情就愈发浓烈了。

1. 反复吟诵整首诗，边读边想象诗人为我们描绘的画面，感受诗人真挚的思乡之情。

2. 在本诗中，“折柳”指《折杨柳》曲。诗人想起与亲朋好友离别时的场景，内心不禁思念起了故乡。你能再默写一首“以柳相留”的古诗吗？试一试。

____

____

____

____

拓展延伸

李白与杜甫是一对知己好友。李白在羁旅途中听到笛声，写下了《春夜洛城闻笛》。杜甫也曾在他乡写过一首诗，名为《吹笛》。全诗如下：

吹笛

吹笛秋山风月清，谁家巧作断肠声。
风飘律吕相和切，月傍关山几处明。
胡骑中宵堪北走，武陵一曲想南征。
故园杨柳今摇落，何得愁中曲尽生。

请你上网搜一搜这首诗，结合写作背景理解它的意思。比较两首诗并思考：这两首诗有什么相似之处？

____

第四节　送友远行不忍别

李白的诗文在当时早已纵横天下，颇负盛名，但他心中始终怀抱着远大的政治理想。

多年以来，他四处拜谒，寻求机遇，可是他太过于狂傲不羁、慷慨自负，一心追求政治神话，不愿意从基层小官做起，所以也就一直没能如愿入仕。幸好他交友甚多，时不时会有一群好友相伴，畅谈古今，聊解苦闷。然而朋友离去，就又剩他一人，对前路愈发迷茫。

这一天晨起，乌云好似锅底笼罩着天空，密不透风。得知好友即将启程远行，李白心中不免压抑苦闷，一整日拉着好友又是一通饮酒作诗，希望傍晚时天空能再下一场大雨，多留友人一日也好。只可惜天公不作美，午后天气逐渐转晴，离别的时候终究是到了。

李白送友人来到了城外，两人并肩缓行，相顾沉默了许久。此时两人心中的不舍之情，似乎已如那奔腾的骏马，只是此时此刻，千言万语都被当下这无声的凝视所替代……

最终还是李白先打破了这沉默。瞧那远处，翠绿的山峦横亘在外城的北面，波光粼粼的流水绕东城潺潺流过。在这样美好的景致中送别，不也是一件值得纪念的事吗？想道一声珍重，只是这样轻松的话语刚说出口没几秒，浓烈的不舍之情又一次席卷而来，撕裂了上一刻的闲适。此地一别，离人就要像那随风飞舞的蓬草一般，飘到万里之外去了。

天地何其广阔，而人又是如此渺小，一切都是那么身不由己，自古的游子，哪个不像这天空中的浮云，随风飘浮，行踪不定呢？连这夕阳都徐徐下山，不忍遽然离开大地。红日西照，落日也有情，此时告别故人，真是让人难舍难分。

这一别，也不知道什么时候才能再见到好友。挥挥手从此分离，友人骑的那匹将要载他远行的马，仿佛懂得主人的心情，临别时禁不住萧萧长鸣。

此情此景，苦涩入喉，李白吟诵出让人叹息的《送友人》：

青山横北郭①，白水②绕东城。
此地一③为别，孤蓬④万里征⑤。
浮云游子意⑥，落日故人情。
挥手自兹⑦去，萧萧⑧班马⑨鸣。

①郭：外城。

②白水：清澈的水。

③一：助词，加强语气。

④孤蓬：蓬草，古书上说的一种植物，干枯后根株断开，遇风飞旋，也称“飞蓬”。诗人用“孤蓬”喻指远行的朋友。

⑤征：远行。

⑥浮云游子意：曹丕《杂诗》：“西北有浮云，亭亭如车盖。惜哉时不遇，适与飘风会。吹我东南行，行行至吴会。”后世用为典实，以浮云飘飞无定喻游子四处漂泊。

⑦兹：这里，此处。

⑧萧萧：马的叫声。

⑨班马：离群的马，这里指载人远离的马。

诗意探究

1. 读读故事，再读读诗歌，“挥手自兹去，萧萧班马鸣”是什么意思？从故事中画出能帮你理解诗歌的句子。

2. 下列对本诗的理解和分析，正确的一项是（　　）

A. 李白看到“青山横北郭，白水绕东城”这样的景色，心情大好，和友人开心地告别了。

B. 李白用“孤蓬”比喻朋友，羡慕友人可以像“蓬草”那么自由自在。

C.“挥手自兹去”体现李白洒脱豪迈，不带缠绵悱恻的哀伤之情。

D.该诗表达了李白送别友人时依依不舍的情感，哀而不伤。

诗情感悟

1.读完这首诗，你认为诗人在诗中表达了怎样的情感？（　　）

A.为友送行的不舍　　B.官场失意的痛苦

C.发现美景的惊喜　　D.心向自由的渴望

2.在“浮云游子意，落日故人情”这两句诗中，诗人用“__________”比喻友人，象征友人__________________；用“__________”比喻自己，表达了诗人对友人______________的心情。

诗句赏析

小雅助学

《送友人》为李白的名篇之一。这首送别诗感情真挚热忱而又豁达乐观，写得新颖别致，不落俗套。诗人通过对送别环境的刻画、气氛的渲染，借景抒情，表达出依依惜别之意。

首联“青山横北郭，白水绕东城”，交代了告别的地点。“青山”对“白水”，“北郭”对“东城”。“青”与“白”的对比，让色彩格外明丽。一个“横”字更是勾勒出青山的静姿，而“绕”字则描画了白水的动态。对偶如此工整精致，描绘出了一幅美丽的告别图景。然而颔联话锋一转，借“孤蓬”来比喻友人的漂泊生涯，将上联描绘的诗情画意完全撕碎，一种关切、悲伤之意自然从诗中涌出。

颈联诗人巧借“浮云”“落日”两个景物作比，表明自己不舍的心意。而尾联两句，情意更切。表面上写的是友人远去的场景，其实是想借这样的场景，烘托出自己的缱绻（qiǎn quǎn）情义。诗人和马上的友人挥手告别，而那马儿仿佛也懂得主人的心情，临别时不住萧萧长鸣。马儿尚且如此情深意切，不愿分离，更何况是人呢！

1. 反复吟诵这首诗，边读边想象诗中之景，感受诗人借景抒情的写法。

2. 李白的这首送别诗，运用了“借景抒情”的方式，表现出了浓浓的惜别之意。请你再找一首运用这种方式写的诗，抄写在下面的横线上。想一想，在这首诗中，诗人又描写了什么景物，抒发了什么情感呢？

拓展延伸

李白写过很多送别诗。纵观李白的送别诗，往往“豪”中见“悲”，既有现实主义的特点，又有浪漫主义的情怀。请你搜集其中两首抄在下面横线上。

第二章 得意长安，失意长安

小雅说

人到中年，李白在诗文方面取得了空前的成功。意气风发的他准备向政治高地进发。他渴望辅佐君王，建功立业，最好是能当宰相这样的大官，但是李白又不愿参加唐朝“高考”，“C位出道”。好在，想当官当时还可以找人举荐。

李白靠好友元丹丘，通过玉真公主的引荐，一举获得了唐玄宗的赏识。天宝元年(742)，李白被授予六品翰林待诏。入官当天，唐玄宗亲自迎接，设宴款待，并为李白亲制汤羹。这待遇，在他看来，成为天子近臣指日可待。

李白正式上岗后才知道，翰林待诏一职就是唐玄宗的高级陪同人员，陪同出席的也不是什么重要的政治场合，而是陪同赏月、游园。李白要做的就是在文艺娱乐过程中陪吃、陪喝、陪聊，顺便写写诗、助助兴。

虽然这岗位离宰辅之位十万八千里，但好歹离唐玄宗近啊。为了实现他的政治抱负，李白尽心工作，创作了许多脍炙人口的佳作，深得玄宗老板的欢心。

久而久之，李白“飘”了。他放荡不羁、口无遮拦的个性暴露无遗，从而得罪了一批玄宗身边的红人。红人们组团向玄宗老板打小报告。天宝三年(744)，当官不足两年的李白向玄宗老板递交了辞呈，希望引起老板的重视。谁知玄宗老板并没有挽留，而是大方地给了笔遣散费，让李白打道回府了。

在长安的短短几年是李白人生的高光时刻，是长安给了他登顶政治高峰的希望，也是长安让他的政治理想彻底破灭。

第一节　谪仙挥墨，作《蜀道难》

天宝初年，李白初入长安，怀着满腔抱负，渴望于长安追求一番功业。一日，李白有一友人将要入蜀，他匆忙赶去送别友人。李白自己自蜀中来到长安，对蜀道之险深有体会，送别友人之际，他回忆起艰险的蜀道，一切都历历在目……

首先是高耸入云的险峻山峰和急速回转的飞湍瀑流。这惊险万状的景象让人想到了蜀国的那段历史：从古蜀先王蚕丛和鱼凫开国以来，那么多年岁过去，蜀地都没有和秦地的人互相往来。因为这座在长安西面的太白山实在是太高太险了，阻挡了人们进入蜀地的道路，只有鸟儿才能够横越峨眉山的顶峰，飞到那里。

不知不觉间，蜀道的样子逐渐清晰地呈现出来。相传当年，这蜀道的开辟之路也是十分曲折的呢！当时，秦惠王送给蜀王五个美女，蜀王派五个壮士前去迎接。回来的路上，壮士们看到一条大蛇要进入洞穴中，赶紧上去抓它。结果，山崩地裂，壮士和美女都葬身其中。大山裂开后分成了五岭，人们这才得以在山崖上凿石头、架木板，建成相连的通道，打通了入蜀的道路。

若近距离观察，对蜀道之难的体会将更加深刻，让人忍不住为入蜀的人们狠狠捏一把汗。这青泥岭上的山路那么盘旋曲折，走上一小段就要绕着山崖转好多道弯；这山这么高，人们在山上，大概用手就能直接摸到天上的星星，甚至可以从它们中间穿过去了吧！说不定人们在爬的时候，还会时不时地仰头望天，屏住呼吸，用手抚胸空长叹呢！

回忆完，李白当即大笔一挥，将蜀道的高峻与艰险生动形象地用一首诗——《蜀道难》展现了出来，它穿越历史的洪流，被一代代人广泛传颂，时至今日人们读起，仍能产生共鸣，为之惊叹。以下是这首诗的节选部分：

噫吁嚱①，危乎高哉！
蜀道之难，难于上青天！
蚕丛及鱼凫②，开国何茫然③！
尔来四万八千岁，不与秦塞④通人烟。
西当太白有鸟道⑤，可以横绝⑥峨眉巅。
地崩山摧壮士死，然后天梯石栈⑦相钩连。
上有六龙回日之高标⑧，下有冲波逆折之回川。
黄鹤之飞尚不得过，猿猱⑨欲度愁攀援。
青泥⑩何盘盘，百步九折萦⑪岩峦。
扪参历井⑫仰胁息⑬，以手抚膺⑭坐长叹。

①噫吁嚱(yī xū xī)：三个字都是叹词，表示惊讶的声音。

②蚕丛及鱼凫(fú)：蚕丛、鱼凫，传说中古蜀国两位国王的名字。

③茫然：模糊难知的样子。

④秦塞(sài)：秦地的关塞。

⑤鸟道：人兽都到不了的、只有鸟能飞过的险峻狭窄山路。

⑥横绝：横越，飞跃。

⑦石栈(zhàn)：栈道，在山崖上凿石架木建成的通道。

⑧高标：高耸的山峰。

⑨猱(náo)：猿的一种，善攀援。

⑩青泥：指青泥岭，在今甘肃徽县境内，是由秦入蜀的要道。

⑪萦(yíng)：盘绕。

⑫扪(mén)参(shēn)历井：可以摸到参星和井星。扪，摸。历，穿越。参、井，都是星宿名。

⑬仰胁息：仰着头，屏住呼吸。

⑭膺(yīng)：胸。

诗意探究

1. 读读故事，再读读《蜀道难》节选部分，从故事中画出能帮你理解诗意的句子。

2. 借助上面的故事和注释，进一步理解诗句的意思，完成下面的练习。

(1)这首诗是诗人在＿＿＿＿＿＿＿＿(地点)，为送友人＿＿＿＿＿＿＿＿(目的)而作。

(2)全诗是围绕“＿＿＿＿＿＿＿＿＿＿，＿＿＿＿＿＿＿＿＿＿”这一句来写的，这也是这首诗的主旨句。

诗情感悟

1. 诗的开篇以惊叹发端，连用多个叹词和感叹号，点出了蜀道的“高”“危”“难”，为全诗定下了(　　)的总体基调。

A. 悲壮沧桑　B. 雄浑豪壮　C. 清丽婉约　D. 孤寂伤感

2. 诗中，李白从多个角度展现了蜀山的高峻，感叹蜀道的艰险。其中“＿＿＿＿＿＿＿＿＿＿，＿＿＿＿＿＿＿＿＿＿”一句，借黄鹤、猿猴都难以越过，来反衬山势的高险；又通过“＿＿＿＿＿＿＿＿＿＿，＿＿＿＿＿＿＿＿＿＿”一句，形象地刻画出了游人行走时的艰难，从侧面展现蜀道的险峻。

3. 关于诗的主题以及背后诗人要表达的情感，后人说法不一：有人认为这是李白在送友人入蜀时对好朋友的劝诫，告诉他这里危机四伏，劝他早日回家；有人认为李白是在歌咏蜀地山川的壮丽，赞美祖国大好河山；还有人觉得李白看似在写山川艰险，实则是要表达仕途险恶，感叹自己人生旅途的艰辛。

你认为李白要表达的情感是什么？结合李白的人生经历和当时的创作背景，说说你的理解。

＿＿＿＿＿＿＿＿＿＿＿＿＿＿＿＿＿＿＿＿＿＿＿＿＿＿＿＿＿＿

诗句赏析

小雅助学

《蜀道难》是李白极富浪漫主义色彩的代表作，著名诗人贺知章在读完这首诗后，连声赞叹只有天上的神仙才能写出这样的诗句，并在与李白的会面中多次直呼他为“谪仙人”，可见此诗之妙。而其中，大胆的夸张便是这首诗最明显的特征。

李白在诗中多次运用了夸张的手法，充分体现了蜀地山川的雄伟奇险。如“蜀道之难，难于上青天”这一句直接将蜀道的难行程度和上青天的难度相对比。试想一下，登蜀道竟然比登上青天还要难，其难度之深，让我们真切地感受到了蜀道之艰险。“扪参历井仰胁息，以手抚膺坐长叹”则带给了我们更强烈的视觉感受。原来这山有这么高，在山上我们的手都可以摸到天上的星星了；原来游人在攀登蜀道之时，都已经困难到要屏住呼吸的地步了。读完之后，脑海里瞬间就有了形象的画面，让我们有一种蜀道之艰险如在眼前之感。

1. 反复吟诵这首诗，想象画面，感受李白极具夸张的表现手法吧！

2. “扪参历井仰胁息，以手抚膺坐长叹”运用夸张的手法写出了山势高危，这句与他在《夜宿山寺》中的另一名句“____________，____________”有着异曲同工之妙。

3. 李白的很多诗句都运用了夸张的手法，你能再写出一两句吗？

____

____

拓展延伸

《蜀道难》作为诗仙李白最出色的代表作之一，通篇都十分精彩。除了我们刚刚欣赏的部分，下面这一段，从不同角度将蜀道的高峻与艰险表现得淋漓尽致。

问君西游何时还？畏途巉（chán）岩不可攀。但见悲鸟号（háo）古木，雄飞雌从绕林间。又闻子规啼夜月，愁空山。蜀道之难，难于上青天，使人听此凋朱颜！连峰去天不盈尺，枯松倒挂倚绝壁。飞湍（tuān）瀑流争喧豗（huī），砯（pīng）崖转石万壑（hè）雷。其险也如此，嗟（jiē）尔远道之人胡为乎来哉！

诗人通过展现旅人感受和描绘蜀道之景，进一步烘托了蜀道之难。请你认真阅读，借助相关资料，尝试读懂上面选段的意思，并从中找出你认为最能展现“蜀道难”的句子，摘录在下面的横线上。

____

____

第二节　字字珠玑，书《清平调》

天宝二年(743)，在一个春日的早上，唐玄宗带着杨玉环、高力士等人，坐在沉香亭赏花。园中牡丹正纵情怒放，层层叠叠的花瓣簇拥在一起，那么艳丽，那么热情。杨玉环身着华装，徜徉其间，不就是一枝红艳带露、芳香扑鼻的牡丹花吗？想当年楚王为巫山神女而断肠，其实梦中的神女，哪里比得上眼前美丽的玉环？试问汉宫里谁能和她相比，连绝代佳人赵飞燕还要好好梳妆打扮一番才能比得上！

面对如此倾国倾城的美景加美人，唐玄宗传旨梨园弟子，设宴奏乐助兴。李龟年在当时可算是唱歌最好听的，他尽心尽力唱了几首歌，唐玄宗却觉得毫无新意，因为这些歌词他都听厌了。高力士提议请人来写几首新词，唐玄宗想起了才华横溢的李白，随手写了一道诏令，召李白进宫作诗。

李龟年带着圣旨急匆匆去找李白。此时，“饮中八仙”正在长安酒楼畅饮。李白喝得酩酊大醉，即使听闻诏令，仍借着酒劲不肯离席。李龟年哪敢耽误，硬拉着他出了酒楼，匆匆赶赴沉香亭。

沉香亭里，唐玄宗一行人等得焦急，忽见李龟年扶了一个走路都不稳的醉李白来，杨玉环蹙起了眉头，说：“这等模样，怎能作诗?”唐玄宗却觉得有趣，解释道：“他是天上遭谪的神仙，喝醉了或许能作出更好的诗来呢!”

唐玄宗命人给李白灌下醒酒汤，杨玉环又叫人取来冷水喷在李白脸上。经过这番折腾，李白酒醒了一半，踉踉跄跄给唐玄宗行礼。唐玄宗说：“今日朕与爱妃在此赏花，请爱卿写几首《清平调》吧。”

李白赶紧领旨，虽说好不容易从醉梦中醒来，但依然醉眼蒙眬。恍然瞥见玄宗边上的杨玉环，那真是惊为天人。回想起刚刚进园时春风吹拂栏杆，露珠润泽花色，这旖旎的云霞不就是她华艳的衣裳吗？如此天姿国色，不是群玉山头所见的飘飘仙子，就是瑶台殿前月光照耀下的神女。人倚栏杆，花在栏外，丝竹入耳，何其风流！

恍惚间，已有人准备好笔墨，将李白搀扶过去坐下。李白提笔，三首《清平调》一气呵成：

清平调(其一)

云想衣裳花想容，春风拂槛[①]露华浓[②]。
若非群玉[③]山头见，会向[④]瑶台月下逢。

清平调(其二)

一枝红艳露凝香，云雨巫山枉断肠。
借问汉宫谁得似？可怜飞燕[⑤]倚新妆[⑥]。

清平调(其三)

名花倾国[⑦]两相欢，长得[⑧]君王带笑看。
解释[⑨]春风无限恨，沉香亭[⑩]北倚阑干。

①槛：栏杆。

②露华浓：牡丹花沾着晶莹的露珠更显得颜色艳丽。

③群玉：山名，传说中西王母所住之地。

④若非……会向……："不是……就是……"的意思。

⑤飞燕：赵飞燕，西汉汉成帝皇后。

⑥妆：修饰打扮。

⑦倾国：比喻美色惊人，这里形容杨玉环。

⑧得：使。

⑨解释：消除。

⑩沉香亭：用沉香木筑造的亭子。

诗意探究

1. 读读故事，再读读三首诗，从故事中画出能帮你理解诗歌的句子。

2. 借助上面的注释，进一步理解诗句的意思，如果要给这三首《清平调》选择一幅插图，你会选择下面哪一幅？结合诗歌的内容，阐述理由。

①

②

③

____

____

诗情感悟

李白写完这组诗后，迫不及待就发朋友圈了，如下图所示，请根据要求完成以下练习：

1. 你觉得李白“@所有人”时，后面会用哪个表情包呢？写写你的理由。

①

②

③

④

____

____

2. 李白发完朋友圈后，一众朋友纷纷评论，看了唐玄宗、杨玉环、李龟年的点评，其他人会怎么留言呢？请你从高力士、李林甫、杜甫、高适、贺知章等人中，选择一个角色，写一写。

______________：______________________________

诗句赏析

小雅助学

《清平调》三首是李白创作的组诗，属于七言乐府作品。第一首以牡丹花比杨贵妃的美艳，第二首写杨贵妃深受玄宗的宠爱，第三首总承一、二两首，把牡丹和杨贵妃、唐玄宗融为一体。全诗构思精巧，辞藻华丽，显示了诗人高超的艺术功力。

中国人向来爱用花来写美女，李白的这三首诗最突出的就是将花与人融在一起写，天上那多姿的彩云，恰似杨贵妃翩翩的霓裳，而眼前娇艳无比的牡丹，恰似杨贵妃的花容月貌。“云想衣裳花想容”一句，似在写花，又似在写人。盛开的牡丹和美艳的妃子，正所谓“国色天香”。“一枝红艳露凝香”，也是人、花交融，言在此而意在彼。读这三首诗，如觉春风满纸，花光满眼，人面迷离，没有特别刻画，而是自然使人觉得这就是牡丹，就是美人玉色，怪不得这三首诗在当时深受赞赏。

1. 反复吟诵三首《清平调》，边读边想象杨贵妃的花容月貌，体会李白将花与人完美交融的写法。

2. 古代以花写美人的诗句有不少，请你读读下面的诗句，哪个选项没有用这种写法？（　　）

A. 秀色掩今古，荷花羞玉颜。

B. 回眸一笑百媚生，六宫粉黛无颜色。

C. 美人一何丽，颜若芙蓉花。

D. 南国有佳人，容华若桃李。

拓展延伸

美人入诗，是诗歌创作中的一大题材。大家耳熟能详的古代四大美女有西施、貂蝉、王昭君、杨玉环，李白的这组《清平调》写的就是杨玉环。请你选择自己感兴趣的一位美人，先了解下关于她的故事，再搜集一首写她的诗，摘抄下来。

人物：________

____

____

____

____

____

第三节　空乏孤独，诵《月下独酌》

天宝三年(744)，李白还在长安做翰林待诏。他每日只是等待皇帝诏命，或吟诗作赋，或陪侍出游。唐玄宗欣赏他的才情，却从没想过让他参与朝政。李白慢慢地看清了自己的处境，将孤独与苦闷的自己交给了诗酒。

一日夜晚，他在园中备下好酒，自斟自饮。他高举酒杯，朝向那轮熟悉的皎月："你看尽世间繁华，你照遍世间萧瑟。干杯，朋友。"

一旁的侍童歪着脑袋，好奇地问："您邀月亮一起喝酒呀？"

"是啊！"李白叹了口气，"宫中人才济济，却尽是争名逐利之辈。与他们共饮，只会败了兴致。我邀明月、影子，三人共饮，及时行乐，岂不快哉！"

李白和他的"朋友"喝了一壶又一壶。在酒杯里，他看到了摇摇晃晃的长安红尘；在酒杯外，他看到了寻寻觅觅的芸芸众生。他曾以为，可以凭借自己的才智建立千古不朽的功业，但这只是他的一厢情愿。

月影摇曳，它哪里懂得饮酒之妙，只是高高地挂在天上；影子婆娑，它也无法陪他喝酒，只能淡淡地徘徊在身畔。李白醉了，他醉醺醺地唱起歌，踉踉跄跄地舞起剑。天上的月亮是圆的，杯里的酒却很凉。他只愿有朝一日能化作神仙，远离烦扰的人间，和月亮一起逍遥自在地在天空中漫游。

一个人，一壶酒，一帘月。月不解饮，影徒随身，长安的月色很冷。酒入豪肠，李白诗兴大发，吟诵出《月下独酌》：

花间一壶酒，独酌无相亲①。
举杯邀明月，对影成三人。
月既不解饮②，影徒随我身。
暂伴月将③影，行乐须及春。
我歌月徘徊，我舞影零乱。
醒时同交欢④，醉后各分散。
永结无情游⑤，相期⑥邈⑦云汉⑧。

①无相亲：没有亲近的人。
②不解饮：不会喝酒。
③将：和。
④交欢：一起欢乐。
⑤无情游：指忘却世情的交游。
⑥期：约。
⑦邈(miǎo)：远。
⑧云汉：银河，泛指天空。

诗意探究

1. 读读故事，再读读这首诗，从故事中画出能帮你理解诗歌的句子。

2. 下列对这首诗的理解，不正确的一项是(　　)

A. 这首诗描写了诗人在花间月下举杯独酌的场面。

B. 诗人心中愁闷，遂以月为友，对酒当歌，及时行乐。

C. 由于政治失意，李白产生“行乐须及春”的思想，显得消极、懈怠和颓废。

D. 诗中运用拟人的手法，把“月”和“影”拟人化，始终作为“有情”之物描写。

诗情感悟

阅读李白的朋友圈，完成以下练习：

李白

花间一壶酒，独酌无相亲。举杯邀明月，对影成三人。@所有人

1分钟前

杜甫：**更爱你的“举头望明月，低头思故乡”。**

贺知章：**不愧为“谪仙人”所作！**

杨贵妃：**时逢中秋，请青莲居士为我作诗一首，如何？**

唐玄宗回复杨贵妃：**爱妃所言极是！爱卿快快赋诗一首，为中秋赏月助兴！**

李白：**各位中秋快乐！天涯咫尺，共饮一杯！**

1.诗人觉得自己“很孤独”。读了全诗，你认为他究竟是“孤独”还是“不孤独”？说说你的理由。

____

____

____

2.看了李白的朋友圈，如果让你留言，你怎么评价呢？

____

____

诗句赏析

小雅助学

在这首诗中，有月，有酒。它俩是李白在精神世界中的知己，也是李白诗歌中频繁光顾的常客，所以在读到“举杯邀明月，对影成三人”时，我们不会感到惊讶与不解，反而认定这才是真正的李白，是那个生活在自己精神世界里的、纯粹的、浪漫的“谪仙人”，只有他才能写出如此飘逸的诗行。《唐宋诗醇》评价此诗：“千古奇趣，从眼前得之。尔时情景，虽复潦倒，终不胜其旷达。”

无论身处何方，李白总会留下一些有关美酒与明月的淋漓之作。如“青天有月来几时？我今停杯一问之”“唯愿当歌对酒时，月光长照金樽里”“人生得意须尽欢，莫使金樽空对月”。李白虽然历经挫折，感叹但不感伤，孤寂落寞中又有几分超然与浪漫。

1.“李白虽然历经挫折，感叹但不感伤，孤寂落寞中又有几分超然与浪漫”，你同意这个观点吗？说说你的理由。

____

____

____

2. 自古以来，无数诗篇中都含“酒”或“月”的元素。和你的小伙伴来一场关于“酒”或“月”的飞花令吧，看谁说得多。

____

____

拓展延伸

李白一生写过四首《月下独酌》，另三首分别写的是什么？又表达了他怎样的感情呢？上“古诗文网”查找相关资料。

第四节　世路维艰，叹《行路难》

有月、有酒的长安城中，李白的放浪不羁令许多保守的官员不以为然。受宠的他遭人排挤，同僚们常常有意无意地冷嘲热讽：

“唐学士，你说李白这个人怎样？”

“整天醉醺醺的，不成样子！”

“是的，你看看，他又醉倒在那里，真不知道皇上是怎么想的。”

“他不过会写几首诗，却自以为了不起，真是狂妄！”

“可不是嘛！还妄想什么‘安社稷’，也不想想自己是什么身份，不过是个翰林待诏罢了！”

即便踏上了“入云之梯”，李白依旧深感痛苦。他凭栏独坐，看着有人归来，有人离去。他一向不爱跟心胸狭窄的人计较，甚至可以将流言蜚语都当作耳旁风，唯独那一句“不过是个翰林待诏罢了”击中了他的要害。进宫之后，他发现自己的命运从一开始就被严格地限定在一个框架中：玄宗只是将他看作侍从文人，而不是政治人物。

他多么希望能施展自己的抱负和才华。如姜太公在渭水溪边钓鱼，得遇周文王，助周灭商；如伊尹梦见自己乘船从日月旁经过，被商汤聘请，助商灭夏。可现实给了他沉重的一击，他无法获得自己期望的政治机遇，当然更谈不上实现抱负了。政治上需要的进退趋避，官场上需要的韬光养晦，他似乎都不懂，甚至不屑为之。

天宝三年(744)，李白正式上书请辞，唐玄宗批准并赐予他不少金银作为盘缠。离别之前，朋友为李白办了丰盛的宴席，为他饯行。美酒一斗值十千，玉盘中的佳肴也值万钱。面对着美酒佳肴，李白一改往日“一饮三百杯”的豪气，他放下酒杯和筷子，拔出宝剑，举目四顾，心绪茫然。在挣扎和矛盾中，他写下《行路难》：

金樽[①]清酒斗十千[②]，玉盘珍羞[③]直[④]万钱。
停杯投箸[⑤]不能食，拔剑四顾心茫然。
欲渡黄河冰塞川，将登太行雪满山。
闲来垂钓碧溪上，忽复[⑥]乘舟梦日边。
行路难，行路难，多歧路，今安[⑦]在？
长风破浪会有时，直挂云帆济沧海。

①樽(zūn)：古代盛酒的器具。

②斗十千：一斗值十千钱(即万钱)，形容酒美价高。

③珍羞：珍贵的菜肴。羞，同“馐”，美味的食物。

④直：同“值”，价值。

⑤箸(zhù)：筷子。

⑥复：又。

⑦安：哪里。

李白吟完最后一句，感觉有泪滴在自己握着剑的手背上。他狠狠闭上眼，等风把眼角的泪吹走，仰天长叹：“长风破浪会有时，会有时！”

曾经，他以梦为马，坚定地走在路上。兴许，前方就是彼岸；兴许，世界本没有彼岸。有的，只是道路。

诗意探究

1. 以下对《行路难》理解有误的一项是(　　)

A. 诗的开头两句以夸张的笔法，营造了欢乐的宴饮气氛，体现了诗人愉悦的心情。

B. 诗中以“欲渡黄河冰塞川，将登太行雪满山”来比喻人生道路中的艰难险阻。

C. 诗中运用典故，含蓄地表达了诗人盼望得到朝廷重用的心理。

D. 诗的最后两句写出了诗人坚信远大的抱负必能实现的豪迈气概。

2.诗中采用“__________”和“__________”（限填四字）两个典故委婉含蓄地表达自己对被重新任用有所期待，对未来仍抱有希望。

诗情感悟

1.诗句“行路难，行路难，多歧路，今安在？”运用反复的修辞手法，写出了诗人面临的困难和坎坷，表现了他（　　）的心理。

①苦闷　②彷徨　③茫然　④绝望　⑤自信

A.①②③　　B.①②③④　　C.①②③⑤　　D.①②③④⑤

2.在这首诗中，诗人的思想情感经历了怎样的变化？写在下面横线上。

____

____

诗句赏析

小雅助学

“长风破浪会有时，直挂云帆济沧海”是这首诗的最后两句，更是全诗的点睛之笔，道出了人生的哲理。即便处在人生艰难之时，李白还是坚信：总有一天，他会乘着长风，破万里浪，挂上云帆，渡过沧海，施展自己的抱负。

人生就像一次长途旅行，我们可能历经美景，也会遇到坎坷。杨慎说过：“是非成败转头空。青山依旧在，几度夕阳红。”是与非、成与败，都是短暂的。青山总会存在，太阳照常升起降落。刘禹锡说过：“沉舟侧畔千帆过，病树前头万木春。”沉舟侧畔，有千帆竞发；病树前头，正万木皆春。我虽屡遭贬谪，但如今新人辈出，也令我十分欣慰。杜牧说过：“胜败兵家事不期，包羞忍耻是男儿。”胜败乃兵家常事，难以预料。能够忍辱负重，才是真正男儿。

正因为经历过荆棘的痛楚，领略过湖泊的宁静，惊叹过波涛的汹涌，迷恋过朝霞的绚烂，我们才更有勇气重拾行走的力量，见证一丝丝、一处处、一丛丛的美好……

1.“长风破浪会有时”中的“破”能换成“冲”等词吗？为什么？

____

____

____

2.你在生活中遇到过坎坷与挫折吗？联系生活谈谈你对“长风破浪会有时，直挂云帆济沧海”的理解。

____

____

____

拓展延伸

你来猜一猜，右图是《行路难》中的哪个字？

这是诗中的“杯”字。其中，“不”用来表音，“不”“杯”古音相近。“杯”字有的字形是，有了“皿”字底，表示器皿。还有的字形是，有了“缶”，表示陶制的饮用器皿。也有的写成，左边是“木”，表示木质材料的器皿。

李白爱酒，他的诗中固然少不了“杯”，如“岑夫子，丹丘生，将进酒，杯莫停”“烹羊宰牛且为乐，会须一饮三百杯”“抽刀断水水更流，举杯消愁愁更愁”“三杯吐然诺，五岳倒为轻”“青天有月来几时，我今停杯一问之”等。你知道这些诗句是什么意思吗？上“古诗文网”查一查，解开答案吧！

第三章　漫游南北，交游往来

小雅说

天宝三年(744)，四十四岁的李白离开长安，他浪漫的政治理想遭到了致命打击，只好做回“资深驴友”，开始第二段漫游旅程，这段旅程长达十一年之久。

李白不甘心就这么销声匿迹，他一路边行边“发帖”，以期“求关注”，寻找入仕的机会。在此期间，他办成了两件大事：其一是交友，其二是修道。

李白交的朋友，不得不提的是与他齐名的杜甫，时年三十三岁的杜甫在梁宋之地遇到李白后，瞬间被李白的诗文才华所吸引。官场失意的李白和进士不第的杜甫一见如故。两人携手共游，同饮共醉。这段漫游为盛唐诗坛留下了诸多名篇，更是书写了一段佳话。

至于修道嘛，李白为了能成为一名正式的道士，特地奔赴山东济南，他请盖寰(huán)道士为他书写道箓，请紫极宫的高如贵道士为他授道箓。学道者从师父手中接过道箓的那一刻，就意味着他在道学上的努力得到了认可，从而有资格成为仙品中的一员。李白在道学上的虔诚与痴迷让他一度忘却了长安的失意与不快。

李白漫游这一路，边走边写，创作了像《梦游天姥(mǔ)吟留别》《将(qiāng)进酒》这样的千古名篇。像“安能摧眉折腰事权贵，使我不得开心颜”“人生得意须尽欢，莫使金樽空对月”这样的名句，无不记录了李白的心路历程。

第一节　游仙记梦蔑权贵

李白被唐玄宗“赐金放还”后，开启了漫游的旅程。如今，他打算离开东鲁南游吴越。那夜，天姥山伴着传说闯入他的梦乡。

天姥山高高耸起，连着天际，横向天外。连四万八千丈的天台山，都好像要拜倒在它的东南面一样，显得十分矮小。恍惚间，李白发现谢灵运游天姥山时住过的地方如今还在，清澈的山水荡漾，凄清的猿猴啼叫声在山间回响。峰峦千叠，山路万转，他倚靠着石块欣赏迷人的山花，不知不觉，竟已天色昏暗。此时的他仿佛听到了熊的咆哮、龙的鸣吟，这声响震动了山岩和清泉，茂密的森林为之战栗，层层山峰为之惊颤。

他看见黑沉沉的云朵压了下来，眼看就要大雨倾盆。顿时，电光闪闪，雷声大作，山峰好像要崩塌似的。轰隆——洞天从中间劈开，日月星辉，照耀着金银台。而云中的神仙们此时乘着风纷纷而下，老虎弹琴，鸾凤拉车，仙人们排成列，数也数不清。此时的李白，神情恍惚，只觉得心中无限畅快，好似自己也化为仙人一般。

可悲的是，醒来时，只有身边的枕席陪伴着李白，刚才梦中的绮丽风景都已经消失不见了。哎，人世间的欢乐也不过如此，自古以来万事都如东流水，一去不复返，何必委屈自己向权贵折腰！临行前，他向友人一倾激愤的告白，一首《梦游天姥吟留别》跃然纸上——

海客谈瀛洲①，烟涛微茫②信难求；

越人③语天姥，云霞明灭④或可睹。

天姥连天向天横，势拔五岳⑤掩赤城⑥。

天台⑦四万八千丈，对此欲倒东南倾。

我欲因之[8]梦吴越，一夜飞度镜湖月。
湖月照我影，送我至剡溪[9]。
谢公[10]宿处今尚在，渌[11]水荡漾清猿啼。
脚著谢公屐[12]，身登青云梯。
半壁见海日，空中闻天鸡。
千岩万转路不定，迷花倚石忽已暝。
熊咆龙吟殷[13]岩泉，栗深林兮惊[14]层巅。
云青青兮欲雨，水澹澹[15]兮生烟。
列缺[16]霹雳，丘峦崩摧。
洞天石扉，訇然[17]中开。
青冥浩荡不见底，日月照耀金银台[18]。
霓为衣兮风为马，云之君兮纷纷而来下。
虎鼓瑟兮鸾回车[19]，仙之人兮列如麻。
忽魂悸[20]以魄动，恍惊起而长嗟。
惟觉时[21]之枕席，失向来之烟霞。

世间行乐亦如此，古来万事东流水。别君去兮何时还？
且放白鹿[22]青崖间，须行即骑访名山。
安能摧眉折腰[23]事权贵，使我不得开心颜？

①瀛(yíng)洲：古代传说中的东海三座仙山之一，另两座叫蓬莱、方丈。

②烟涛微茫：波涛渺茫，远看像烟雾笼罩的样子。

③越人：指今浙江一带的人。

④明灭：忽明忽暗。

⑤五岳：东岳泰山、西岳华山、中岳嵩山、北岳恒山、南岳衡山的总称。

⑥赤城：山名，在今浙江天台北。

⑦天台(tāi)：山名，在今浙江天台北。

⑧因之：意思是受前面越人的话所吸引。因，依据。之，指代前边越人的话。

⑨剡(shàn)溪：水名，在今浙江嵊(shèng)州南。

⑩谢公：指南朝宋诗人谢灵运(385—433)。谢灵运喜欢游山访胜，他游天姥山时，曾在剡溪住宿。

⑪渌(lù)：清澈。

⑫谢公屐(jī)：谢灵运为登山特制的木屐，其前后齿可装卸，上山时去掉前齿，下山时去掉后齿，以保持身体平衡。

⑬殷(yǐn)：震动。

⑭栗、惊：均为使动用法，使……战栗，使……震惊。

⑮澹(dàn)澹：波浪起伏的样子。

⑯列缺：闪电。列，同"裂"，分裂。缺，指云的缝隙。

⑰訇(hōng)然：形容声音很大。

⑱金银台：金银筑成的楼台，指神仙居住的地方。

⑲鸾回车：鸾鸟拉车回转。鸾，传说中的神鸟。回，旋转。

⑳魂悸(jì)：因惊惧而心跳。

㉑觉(jiào)时：醒时。

㉒白鹿：古代隐士多以神仙骑白鹿表示清高。

㉓摧眉折腰：低头弯腰，指卑躬屈膝。摧眉，低眉，低头。

文意探究

1. 读读故事，再读读这首诗，从故事中画出能帮你理解诗歌的句子。

2. 这首诗是按照"现实—梦幻—现实"的顺序写的，主体部分是梦幻，由现实转入梦境的过渡句是________________，________________。由梦境转入现实的过渡句有________________，________________。________________，________________。

诗情感悟

1. 诵读《梦游天姥吟留别》，对这首诗的理解不正确的一项是(　　)

A. 开头两句应轻轻地读，"飞"字稍重，表现诗人高蹈出世的气概。

B. 四字句是写诗人惊奇于自然界的神力，应加快朗读速度。

C.“青冥”两个七字句写仙境初开，诗人非常惊喜，须读得舒缓，声调要开朗。

D. 本段末尾两句写出了诗人的失落，定下了全段低沉的格调。

2. 苏轼的《念奴娇·赤壁怀古》中“人生如梦，一尊还酹江月”两句流露出消极情绪，李白的《梦游天姥吟留别》中也有消极情绪的流露：“________，________。”这两句诗中包含着诗人对人生的几多失意和深沉的感慨。

诗句赏析

小雅助学

李白善于描绘壮丽的自然景色，表达对祖国河山的热爱；他的部分作品又表现出蔑视权贵的傲岸精神，对当时政治的腐败进行了尖锐的批判。

《梦游天姥吟留别》中所写的仙境忽然消失，梦境破灭，清楚地告诉我们：人生如梦。当然，李白用了更生动的语言来表达这层意思，无论梦中的世界多么神奇美妙，多么引人入胜，也不过是空幻罢了，正如诗中所写“古来万事东流水”。此时此刻，徜徉山水的乐趣，才是最能抚慰心灵，最具快意的。

本来诗意到此似乎已尽，可是最后却添上了——“安能摧眉折腰事权贵，使我不得开心颜”，不得不说，这天外飞来之笔，不仅是对前两句的注解，更点亮了全诗的主题，一吐长安三年的郁闷之气，是对整首诗诗意的升华：对于名山仙境的向往，是出于对权贵的抗争，它唱出了封建社会中多少怀才不遇的人的心声。“折腰”一词出于东晋的陶渊明，他由于不愿忍辱而归隐山林。李白虽然曾受唐玄宗礼遇，但也不过是个御用文人，又因其一身傲骨，不肯与权贵同流合污，屡受排挤。

“安能摧眉折腰事权贵，使我不得开心颜？”这高亢的呼喊，如火山爆发，江涛怒吼，毫不含糊地向当时的黑暗现实提出了挑战。这是诗人人生愿望未能实现的呐喊，是对自己人格的护卫，更是对权贵的傲视。

1. 反复吟诵，边读边体会李白对神仙世界的向往，对自由生活的渴望，对黑暗尘世的鄙弃，以及对权贵的蔑视。

2. “安能摧眉折腰事权贵，使我不得开心颜”表达的思想感情是(　　)

A. 揭露封建社会现实的黑暗　B. 鄙视权贵，追求自由生活

C. 讴歌仙境的光明与美好　　D. 表明了自己的政治态度

3. 中国历代许多文人都具有高洁的品性，从“安能摧眉折腰事权贵，使我不得开心颜”，你能想到哪些人？

____

拓展延伸

请你参考“古诗文网”的注释，阅读李白的《古风》(其十九)，再联系《梦游天姥吟留别》，说一说两首诗写的仙境有什么不同？

古风(其十九)

西上莲花山，迢迢见明星。

素手把芙蓉，虚步蹑(niè)太清。

霓裳曳(yè)广带，飘拂升天行。

邀我登云台，高揖(yī)卫叔卿。

恍恍与之去，驾鸿凌紫冥。

俯视洛阳川，茫茫走胡兵。

流血涂野草，豺狼尽冠缨(guān yīng)。

两首诗的不同：

____

____

____

____

____

____

第二节　豪饮高歌鸣不平

转眼来到天宝十一年(752)，距离李白离开长安已有八年之久。当时的他，常跟好友登高饮宴，把酒放歌。

这一天，李白与岑勋相约聚在元丹丘家中，三人一边赏月一边喝酒。许久未见的三个人有着聊不完的话，主人元丹丘举杯感慨："这日子过得飞快，犹如黄河水从天上奔腾而来，浩浩荡荡地从眼前流过，就这样一去不复返。"

岑勋摸了摸自己的头发，接话道："兄台这话是真，别的不说，单是这些花白的头发，也是变色不少，青丝不再有啊！"

李白一言不发，只是一次次地盛满美酒，高举起来，一饮而尽。这样得意的日子能有多少？能有多长？李白笑了笑，略有所思，他很清楚，如今的朝廷不再是他们所期待的那样，百姓生活的疾苦也是历历在目，他多想能为朝廷、为百姓做点实事，只可惜没有他的用武之地。想着想着，李白的目光停留在了半空中的月亮上。

两位好兄弟似乎读懂了李白的眼神，哈哈大笑："不谈也罢，不谈也罢，金樽本是用来盛酒的，如此良辰美景之中，来，倒满这杯酒，咱们干了！"眼前好酒好肉，三人尽情饮酒，尽情欢唱。

此时的李白已有几分醉意，心事重重。他不曾想要和富贵人家一样，边听着奏乐，边享用美食；他不在意古往今来，圣贤哲人都被世人冷落，只有尽情饮酒的人才能留下美名；他更不在乎名贵的五花马和价值千金的皮衣，只要能换来杯中酒，那便是极好的了。是啊，在李白眼里，排解心中苦闷的法子唯有金樽美酒。他手举酒杯，恨不得就此长醉不醒，口中吟出了千古流传的《将进酒》：

君不见[1]黄河之水天上来，奔流到海不复回。
君不见高堂明镜悲白发，朝如青丝暮成雪。
人生得意[2]须尽欢，莫使金樽空对月。
天生我材必有用，千金散尽还复来。
烹羊宰牛且为乐，会须[3]一饮三百杯。
岑夫子[4]，丹丘生，将进酒[5]，杯莫停。
与君歌一曲，请君为我倾耳听。
钟鼓馔玉[6]不足贵，但愿长醉不复醒。
古来圣贤皆寂寞[7]，惟有饮者留其名。
陈王[8]昔时宴平乐，斗酒十千[9]恣欢谑[10]。
主人何为言少钱，径须沽取[11]对君酌。
五花马、千金裘，呼儿将出[12]换美酒，与尔同销万古愁。

①君不见：乐府中常用的一种夸语，用来提醒人注意。

②得意：指有兴致。

③会须：应当。会、须，皆有应当的意思。

④岑夫子：指岑勋。后文中的“丹丘生”指元丹丘，当时的隐士。二人均为李白的好友。

⑤将进酒：请喝酒之意。将，请。

⑥钟鼓馔(zhuàn)玉：形容富贵豪华的生活。钟鼓，富贵人家宴会中奏乐使用的乐器。馔玉，像玉一样珍美的食物。

⑦寂寞：不为世所用，默默无闻。

⑧陈王：指曹植，曾被封为陈王。

⑨斗酒十千：一斗酒值十千钱，夸张地说酒很名贵。

⑩恣(zì)欢谑(xuè)：尽情地欢乐戏谑。恣，放纵，无拘束。谑，玩笑。

⑪径须沽取：只管买酒。径须，干脆，只管。

⑫将出：牵出，拿出。

诗意探究

1. 读读故事，再读读这首词，从故事中画出能帮你理解诗歌的句子。

2. 下列句子节奏划分不正确的一项是(　　)

A. 千金散尽/还/复来

B. 君不见/高堂明镜/悲/白发

C. 君不见/黄河之水/天/上来

D. 烹羊宰牛/且/为乐

3. “____________________，____________________。”这两句诗是李白对人生易老，光阴易逝的感慨。

诗情感悟

1. 这首诗的基调是(　　)的。

A. 沉郁　　B. 豪放　　C. 乐观　　D. 悲壮

2. 李白以布衣之身藐视权贵，不甘“摧眉折腰事权贵”，在无情现实面前又无可奈何，只能借酒浇愁，以诗表现对权贵的鄙弃和蔑视，在他的著名诗作《将进酒》中就流露了这种情绪：“____________________，____________________。”

名句赏析

小雅助学

说起诗与酒，就当推崇唐代大诗人李白。李白嗜酒，有“醉圣”“酒仙”之称，在他的诗篇中，无处不飘着酒香。

李白与酒有关的诗，最脍炙人口的当属《将进酒》了。明朝唐汝询在《唐诗解》中提到“此怀才不遇，托于酒以自放也”。这种引吭高歌，如隔世的洪钟，至今不绝如缕。

“烹羊宰牛且为乐，会须一饮三百杯。”既然“人生得意须尽欢”，不能让手中的金樽空对月，那么就烹羊宰牛，一次性喝他个三百杯。多么痛快的筵席，又是多么豪壮的诗句！所以他寄情于酒，借着酒气，借着这“一饮三百杯”，来表达对人生和才华的自信——“天生我材必有用，千金散尽还复来”。这又是一个高度自信的惊人之句，简直就是一个时代的宣言。

李白一生用酒当墨，用心作诗，他那为国立功的理想和不满黑暗现实的秉性，构成了他特有的诗酒人生。

1. 反复吟诵，边读边体会李白以酒寄情的写法，感受他忧愤深广的人生感慨和豪纵狂放的鲜明个性。

2. 下列说法有误的一项是（　　）

A. 这首诗是李白咏酒诗的代表，尽展其个性，思想内容深沉，艺术表现成熟。

B.《将进酒》是汉乐府中的“劝酒歌”，这首诗中诗人用旧题唱新歌，这“新歌”主要的新意表现在诗人把饮酒与对官场一片黑暗的批判结合了起来。

C. 诗歌多采用夸张手法，比如诗中屡用巨额数目，如“千金”“三百杯”“斗酒十千”“千金裘”“万古愁”等，表达豪迈的诗情，但给人一种空洞浮夸感。

D. 诗人借酒抒情，抒发了对世态的愤懑不平之情，貌似消极中露出了深藏其内的一种怀才不遇而又渴望建功立业的积极人生态度。

拓展延伸

李白的诗酒文化，是他人生体验的最好记录。让我们一起读读他写的其他酒诗，感受不一样的酒后旷达，并尝试把它积累下来吧！

金樽清酒斗十千，玉盘珍羞直万钱。——《行路难》

连呼五白行六博，分曹赌酒酣（hān）驰晖。——《梁园吟》

举杯邀明月，对影成三人。——《月下独酌》

人生飘忽百年内，且须酣畅万古情。

——《答王十二寒夜独酌有怀》

唯愿当歌对酒时，月光长照金樽里。——《把酒问月》

第三节　关切惋惜勉友人

李白大病一场之后，慢慢清醒过来，看开了“赐金放还”。空有满腔的抱负，丰满的理想，却无法扭转时局。现实啊，多么残忍！内心啊，多么渴望！两种矛盾的心理纠缠着他，于是他痛定思痛，选择了继续出行游历。

天宝八载(749)，李白正羁旅于南方一带，此时他收到了旧友王昌龄被贬的消息。王昌龄是他的挚友，因为生活小节上的问题，触怒了朝廷而被贬。贬谪之地远至龙标(今湖南洪江)，一路上要溯江而上，前往遥远的夜郎以西。王昌龄当时已年逾五十，从处于中心地带的江宁被贬谪到偏远的龙标，官职也由县丞降为县尉，一路往清水衙门溜到了底。对于一位老者，遭遇这样的塌天大祸，实在有点太凄凉。

在《芙蓉楼送辛渐》一诗中，王昌龄曾无法抑制自己失落的情绪，写下了“洛阳亲友如相问，一片冰心在玉壶”来表明自己的清白无辜。李白面对好友的遭遇，愤慨不平，想着他要经过五溪之地，地势险峻，道阻且长，夜郎又山深水急，交通困难，这往后的生活该是多么不容易啊！反观此时的自己，在政局中受到排挤，苦闷万分，李白不由与好友产生了惺惺相惜之感，正所谓“同是天涯沦落人”啊！

李白仍在南方，而好友已经远去，只能把自己满腹的愁绪托付给天上的明月，希望这千里共有的明月，和着清风，一路披荆斩棘，替他追随友人到夜郎以西的偏远地方。他将一片真挚之情都浓缩在这首《闻王昌龄左迁[①]龙标[②]遥有此寄》中，以诗抒情，遥寄给友人王昌龄：

杨花[3]落尽子规[4]啼，
闻道龙标过五溪。
我寄愁心与明月，
随君直到夜郎[5]西。

①左迁：贬谪，降职。古人尊右卑左，因此把降职称为左迁。

②龙标：古地名，唐朝置县，在今湖南洪江。

③杨花：柳絮。

④子规：杜鹃鸟，相传其啼声哀婉凄切。

⑤夜郎：唐代在今贵州和湖南都设过夜郎县，这里的“夜郎”在今湖南怀化境内。李白当时在东南，所以说“随君直到夜郎西”。

诗意探究

1. 诵读古诗的题目，回答问题。

(1)根据你的理解用“/”标出诗题的停顿。

闻 王 昌 龄 左 迁 龙 标 遥 有 此 寄

(2)读了诗题，你认为最符合诗歌主要内容的是(　　)

A. 李白听说王昌龄调到龙标做官，为好友写了这首诗。

B. 李白听闻王昌龄被贬去龙标，写下这首诗作为好友的寄托慰藉。

C. 李白听说王昌龄向西去龙标，写首诗寄给他。

2. 借助上面的注释与故事，进一步理解诗句的意思，完成下面的练习。

(1)联系诗中的景物可以知道此时的时令是________，是从诗中“________________”这一句了解到的。

(2)诗句“________________”写出了贬谪之地的荒远，行路之艰难。

(3)诗句“________________，________________”写出了李白对好友的关切与牵挂。

诗情感悟

1. 本诗描写了“杨花”“子规”等多个景物，它们本为无情之物，在这里却承载着诗人的愁绪，渲染了一种＿＿＿＿＿＿的气氛，融情入景，又让抽象的愁绪借着＿＿＿＿＿＿（景物）随王昌龄直到夜郎西。

2. 诗人与好友相距甚远，一片金兰之情，跨越千山万水，此中“愁心”蕴含着什么内容呢？请你联系诗人此时的经历想一想，写在李白的心事本上。

心事本
＿＿＿＿＿＿＿＿＿＿＿＿＿＿＿＿＿＿＿＿＿＿＿＿
＿＿＿＿＿＿＿＿＿＿＿＿＿＿＿＿＿＿＿＿＿＿＿＿
＿＿＿＿＿＿＿＿＿＿＿＿＿＿＿＿＿＿＿＿＿＿＿＿

诗句赏析

小雅助学

千百年来，中华文化艺术一直追寻诗画融合，所谓“诗中有画，画中有诗”。作画，不乏诗意；读诗，能让人仿佛置身画中。在李白诸多首诗中，常常有灵动的景物，有鲜活的形象，有声有色，组成了一幅幅气韵生动的画卷；也常有留白，像中国水墨画一般，意境优美，留给读者无限想象的空间。

细品《闻王昌龄左迁龙标遥有此寄》，那一句句诗仿佛变成了一幅幅画：柳絮飘飘落落，子规无力又悲切地啼鸣着；王昌龄穿行于高山、密林、沟壑之间，乘船漂行于风浪之中“过五溪”；而李白在月明星稀的夜空下眺望着远方，担心着好友的安危。画面切换就像电影镜头的转换，具有广阔的空间感。

1. 反复吟诵“我寄愁心与明月，随君直到夜郎西”这句诗，感受李白的忧愁与对友人的关切。想象此刻的夜郎以西是怎样的一幅情境，用几句话写一写。

____

____

____

2. 欣赏一句诗一个画面的“造型艺术”，根据诗歌内容给下面四幅图排序，并借助画面背诵诗歌。

(　　)　　(　　)　　(　　)　　(　　)

拓展延伸

李白一生仗剑远游，结识了无数名流侠士、官宦庶民，写下了无数隽永的诗篇。上“古诗文网”查找李白写友情的诗作，选择自己喜欢的两首摘抄在下面，感受诗人对好友的款款深情。

__________________　　__________________

__________________　　__________________

__________________　　__________________

__________________　　__________________

__________________　　__________________

第四节 怀才不遇抒愤懑

天宝十二年(753)，漫游近十年的李白来到了宣州(今安徽宣城)，客居于此。他在宣城度过了一段恬静美好的时光，但他内心不甘平淡，仍然渴望听到长安的消息。在这远离朝廷的地方，李白无法实现自己的政治理想，这让他觉得抑郁憋闷。

不久后，李白的远房族叔李云途经宣州，他的到来让李白很是兴奋，李白陪他四处游览观光。但李云带来的关于朝廷的消息却让他忧惧不已，朝局动荡，官员私通，民不聊生，整个朝廷已经腐烂到深处了。

李云即将前往东南方任职，李白邀他登谢朓(tiǎo)楼赏秋景以送行。这谢朓楼是南齐诗人谢朓任宣城太守时所建，李白曾多次登临，并写过一首《秋登宣城谢朓北楼》。

这一天，他再次登楼——此行他汲取了力量，让内心深处依旧跃动着的壮志不被惆怅击溃。他携带着一壶酒，登上谢朓楼，站在楼上向外望去，明净高远的天空下，一排排大雁乘风而起，自由翱翔，秋色使人心旷神怡，心中的阴郁之气荡然无存。李白兴致瞬间高涨，与李云酣畅宴饮之后，尽是豪言壮语。

眼前抬首是南飞的大雁，低头却是谢朓楼前潺潺流淌的溪水，这连绵不绝的水啊像愁绪，无法截断。既然现实中无法恣意洒脱，我就纵情山水，在大自然中寻求心灵的慰藉吧！

这顿酒，不话离别，只抒豪情。李白畅快酣饮，赋诗抒怀，写下了这首著名的《宣州谢朓楼①饯别校书②叔云③》：

弃我去者，昨日之日不可留；

乱我心者，今日之日多烦忧。

长风④万里送秋雁，对此可以酣高楼⑤。

蓬莱文章⑥建安骨⑦，中间小谢⑧又清发⑨。

俱怀逸兴⑩壮思飞，欲上青天览⑪明月。

抽刀断水水更流，举杯消愁愁更愁。

人生在世不称意，明朝散发弄扁舟⑫。

①谢朓楼：谢朓任宣城太守时所建，唐时改名为叠嶂楼。

②校(jiào)书：官名，即秘书省校书郎，负责朝廷的图书整理工作。

③叔云：李云，李白族叔。

④长风：远风，大风。

⑤酣高楼：畅饮于高楼。

⑥蓬莱文章：指文章繁多丰富。蓬莱指东汉时藏书之东观。

⑦建安骨：汉魏之际曹氏父子、建安七子等人的诗文骏爽刚健，被赞为“建安风骨”。此处用以赞美李云的文章。

⑧小谢：指南朝齐谢朓，此处用以自喻。

⑨清发(fā)：指清新秀发的诗风。

⑩逸兴(xìng)：飘逸豪放的兴致。

⑪览：同“揽”，摘取。

⑫弄扁舟：乘小舟归隐江湖。

诗意探究

1. 读古诗的题目，借助注释说说诗题的意思，并用“/”标出停顿。

宣 州 谢 朓 楼 饯 别 校 书 叔 云

2. 这是一首送别诗，诗中描写送别情景的诗句是：“____________，____________。”

3. 对这首诗理解有误的一项是(　　)

A. 一、二两句蕴含了诗人对于时光飞逝，功业难成的精神苦闷。

B.“长风”句在读者面前展现出一幅壮阔明朗的万里秋空图画。

C.“蓬莱”句，上句赞美李云的风格刚健，下句自比小谢，流露出对自己才能的自信。

D.最后两句写诗人放弃对理想的追求，显示出逃避现实的消极色彩。

诗情感悟

1.联系上下文，感受诗句中诗人情绪的变化，将序号填写在横线上。

整首诗情绪一波三折，时而惆怅烦忧__________，时而豪情逸兴__________，时而愁苦加重__________，时而超脱苦闷__________。

①弃我去者，昨日之日不可留

②乱我心者，今日之日多烦忧

③长风万里送秋雁，对此可以酣高楼

④蓬莱文章建安骨，中间小谢又清发

⑤俱怀逸兴壮思飞，欲上青天览明月

⑥抽刀断水水更流，举杯消愁愁更愁

⑦人生在世不称意，明朝散发弄扁舟

2.诗中淋漓尽致地抒发诗人对未来的追求，展现诗人豪迈宽广的胸襟的诗句是：“____________________，____________________。”

诗句赏析

小雅助学

李白善于运用想象、夸张、比喻、拟人等多种表现手法，营造神奇梦幻、瑰丽动人的意境。他也善于采用生活中俯拾皆是，表面上没有什么逻辑联系的意象，达到意想不到的效果。如“抽刀断水水更流”的纠结，“欲上青天览明月”的夸张等都是神来之笔，让人拍案叫绝。

明人评价此诗“如天马行空，神龙出海”，更是体现出李诗“飘然思不群”的特点，是李白式的豪放与天真个性的和谐统一。

1. 诵读诗句“抽刀断水水更流，举杯消愁愁更愁”，说说其表达效果。

____

____

2. 李白说“人生在世不称意，明朝散发弄扁舟”，要给自己的心灵找一条出路，你觉得哪一幅图更符合诗人的心境？结合诗歌的内容、表达的情感说说理由。

①

②

③

____

____

拓展延伸

谢朓是李白崇拜的偶像，搜集李白写的与谢朓有关的诗文，摘抄在下面。大诗人李白为何如此推崇谢朓呢？查找资料，探究原因。

____

____

第四章　壮志未酬，谪仙陨落

小雅说

天宝十四年(755)，安禄山与史思明背叛朝廷发动战争，史称“安史之乱”。战乱爆发后，李白一心渴望投笔从戎，却报国无门，只能避居庐山。此时的李白表面是一个隐居的高士，内心却始终坚守着建功立业的情怀。

天宝十五年(756)，唐玄宗的儿子永王李璘派人请李白出山辅佐自己。李白哪里知道朝廷内斗的凶险，他天真地认为，实现自己伟大抱负的时候到了，于是抱着平叛志愿，义无反顾地加入李璘的幕府。

正当李白梦想着东山再起、大展宏图之际，已经当上皇帝的李亨认为弟弟李璘在私自扩张势力，于是派兵讨伐李璘。可怜的李白也不明不白地遭受牵连，被捕入浔阳狱中。被困牢狱的李白四处寻求帮助，后经宋若思和崔焕的营救，得以出狱，但最终还是难逃被流放的厄运。758年，李白被判流放夜郎，夜郎是遥远荒凉之地。年迈的李白非但无法在家中享受天伦之乐，反而还要经历颠沛流离的流放之苦，简直就是最残酷的惩罚。

不过，第二年朝廷就因关中遭遇大旱，宣布大赦天下，李白终于重获自由，这真是不幸中的万幸。归心似箭的李白顺长江而下，诗兴大发，于是著名的《早发白帝城》应运而生。

即便经历了九死一生的命运戏弄，李白依然初衷不改。761年，年逾六十的李白闻知名将李光弼出征东南，又想从军报国，无奈心有余而力不足，半道病还。

762 年，李白在当涂病逝。他在绝笔《临路歌》中叹道："大鹏飞兮振八裔，中天摧兮力不济。"大鹏终于无力了，醉酒的老诗人虽然壮志未酬，但唐朝诗坛因为有了李白而光耀千秋。

第一节　颠沛流离仍乐观

乾元元年(758)，年近花甲的李白被判流放夜郎，这对渴望大展宏图的他来说无疑是个巨大的打击。

李白曾为被贬至夜郎的好友王昌龄赠诗安慰："我寄愁心与明月，随君直到夜郎西。"谁曾想，如今，同样的厄运竟降临在了自己身上！夜郎在当时是蛮荒之地，和他的家、和长安相隔千山万水。这段路程漫长又艰苦，而此时年迈的李白已经非常虚弱了。

好在李白性格豪爽，好友遍布天下。虽然他是戴罪之身，但在流放途中依旧有人真心相待，好酒好菜地招待他，甚至留他住上几日。

一天，李白和友人辛判官对饮。也许是辛判官反复安慰李白，让李白有了倾吐的欲望；也许是酒力的作用，让李白回忆起了自己在长安的风光时刻。

想当年，他在花前柳下醉饮，一起喝酒的都是当朝的权贵。他那豪迈意气令豪杰之士无不佩服，论放荡不羁的气度他若称第二，就没人敢称第一。当时，李白风华正茂，挥着金鞭，骑马奔驰在长安的街道上游玩享乐。不仅如此，他的文章曾被朝廷君臣赏识，多少人设豪华的筵席邀请他听歌观舞。

原以为这样的日子可以长久，谁知竟然爆发了安史之乱，忽然传来函谷关被叛军占领的消息，平静的生活被打破了。国家危难之际，许多昔日同僚被朝廷重用，好像桃李在阳光下盛开，而李白却被远远地流放夜郎。

想到这里，他不禁问道：何时我才能遇到金鸡大赦，回到家中；何时才能重整旗鼓，报效国家啊？于是他吟出了这首《流夜郎赠辛判官》：

昔在长安醉花柳，五侯七贵①同杯酒。
气岸②遥凌豪士前，风流肯落他人后？
夫子红颜我少年，章台③走马著金鞭。
文章献纳麒麟殿④，歌舞淹留⑤玳瑁筵⑥。
与君自谓长如此，宁知草动风尘起。
函谷忽惊胡马来，秦宫桃李⑦向明开。
我愁远谪⑧夜郎去，何日金鸡放赦⑨回？

①五侯七贵：唐人多以汉暗喻本朝之事，此处借指当时与李白结交的达官显贵。

②气岸：指意气，傲岸的气概。

③章台：章台街是汉代长安的一条繁华街道名。此处代指长安街市。

④麒麟殿：汉代宫殿名。此处代指唐代宫廷。

⑤淹留：停留。

⑥玳(dài)瑁(mào)筵(yán)：指华贵的筵席。玳瑁，一种形似龟的动物，其壳可作装饰品。筵，酒席。

⑦秦宫桃李：代指满朝文武，此句比喻文武官员们纷纷得到重用。

⑧谪：封建时代特指官吏降职。

⑨金鸡放赦(shè)：指大赦。金鸡，古代颁布赦诏时所用的仪仗。后用作大赦之典。

诗意探究

1. 读读故事，再读读诗歌，从故事中画出能帮你理解诗歌的句子。

2. 借助上面的注释，进一步理解诗句的意思，完成下面的练习。

（1）唐人喜欢用汉朝的名称典故来反映唐朝的事，比如，诗中用汉朝的“五侯七贵”代指当时与李白结交的达官显贵，请你在诗中再找出两个这样的词语：________________、________________。

（2）诗人回忆起在长安的得意生活，写了几个场景，请你把诗句和对应的场景连起来。

五侯七贵同杯酒	文章被赏识
章台走马著金鞭	赴宴赏歌舞
文章献纳麒麟殿	与权贵同饮
歌舞淹留玳瑁筵	骑马逛大街

诗情感悟

1. 你觉得这首诗主要表达了诗人怎样的情感？（　　）

A. 关心国家的命运，对安史之乱的谴责。

B. 对当年春风得意的生活的怀念，对自己怀才不遇的怨愤。

C. 对亲人的思念，对友人的不舍，对归家的期盼。

D. 对友人款待自己的感谢，与友人分别的不舍。

2. 这首诗的情绪是丰富的，诗人以往昔的____________与今日的____________相比照，透出他心境之____________。

A. 落魄　　B. 凄凉　　C. 豪放

诗句赏析

小雅助学

李白借此诗回忆了昔日在长安的得意生活，表达了对流放夜郎的哀怨之情，通过今昔对比，写出了他对盛世无限的眷恋，又有对帝国遭遇动乱的叹息。诗的最后两句也含蓄地表达了希望辛判官施以援手，帮助他早日赦还的心情。

有人认为，李白此诗直露肺腑，对当年得意生活颇有炫耀之意，不无庸俗之态。甚至有读者认为此诗非李白所作，即使肯定其豪迈气象，也显得极为勉强。

但也有人认为，人在落魄失意之后，都不免会对当年春风得意的生活充满眷恋。此诗使读者看到了诗人凡俗的一面，不过诗人凡俗的这一面并没有主导诗人的精神生活。尽管遭遇这样的痛苦经历，李白仍然在寻找心灵的平衡点，依靠对过去美好生活的回忆，乐观地走下去。

1. 以上几种观点，你更认同哪一种？请结合诗句谈一谈你的看法。

____

____

____

2.（1）诗中有两个问句，请你找出并抄写在横线上。

____

____

（2）第一个问句是反问句，第二个问句是疑问句，你觉得这两种表达形式能不能调换？请你根据李白写诗时的心境，说说理由。

____

____

拓展延伸

“我愁远谪夜郎去，何日金鸡放赦回？”李白的期盼不久后就变成了现实。乾元二年（759），关中地区发生严重旱情，朝廷宣布大赦天下。当时李白正行至白帝城，收到赦免的消息，他惊喜交加，随即乘舟下江陵，并当即创作了一首诗歌，就是那首我们耳熟能详的《早发白帝城》。

1.请你将《早发白帝城》工整地默写在下面的方框中，注意格式。

2.你从诗中哪些字词感受到了诗人遇赦后欢欣喜悦的心情？把它们写下来，并选择其中一两个词，说说它们对于表达诗人的喜悦之情有什么作用。

____

____

第二节　大鹏涕下泪沾裳

获赦之后，天性积极乐观的李白马上又扬起了斗志，认为自己迎来了东山再起的机会。他到处找人帮自己引荐，希望能有机会再次进入朝廷有所作为。很可惜，他已年老体弱，不可能再被重用了。努力了大半年之后，李白终于认清了形势，只能在游山玩水中平复心情。

在这两年中，大唐朝局仍然没有完全稳定。战乱纷纷，物价飞涨。落魄的李白过得很艰难，常常饥一顿饱一顿，靠别人救济为生。再加上居无定所，东奔西跑，四处辗转，年逾六十的李白身体愈发虚弱。

上元二年(761)，李白听说太尉李光弼要出兵，毅然从军，然而途中因病折回。这一次，他感觉自己的病可能真的好不了了，于是提笔写下《临路歌》，这就是李白这位伟大而不得志的诗人留给世界的绝笔。老迈多病的李白，处在弥留之际，心性依然是那么旷达，和他年少时一样，依然以大鹏自诩：

大鹏①飞兮振八裔②，中天③摧④兮力不济⑤。
余风⑥激⑦兮万世，游扶桑兮挂石袂⑧。
后人得之传此，仲尼亡兮谁为出涕⑨？

①大鹏：传说中的大鸟。

②八裔(yì)：八方。

③中天：半空中。

④摧：挫折，失败。

⑤济：帮助，成功。

⑥余风：遗风。

⑦激：激荡，激励。

⑧"游扶桑"句:以衣袖被扶桑挂住暗喻才能过大而不被重用。扶桑,古代神话传说中的大树,生在太阳升起的地方。古代常把太阳比作君王,这里指到了皇帝身边。袂,衣袖。

⑨"仲尼"句:此处用孔子泣麟的典故。传说麒麟是一种表示祥瑞的异兽。鲁国曾猎获一只麒麟,孔子认为麒麟出非其时而被捕获,非常难受。人世间已经没有孔丘那样的圣人了,还有谁能理解大鹏的理想和遭遇,会为大鹏的摧折而流泪呢?

这正是李白对自己一生的回顾与总结啊,流露的是对人生的无比眷念和未能才尽其用的深沉痛惜。

诗意探究

1. 借助上面的注释和故事,理解诗句的意思,完成下面的练习。

(1)根据意思,给下列诗句标上停顿符,并试着读一读。

后 人 得 之 传 此,仲 尼 亡 兮 谁 为 出 涕?

(2)上句中的"仲尼"就是____________,"后人得之"的"之"指的是____________________。

2. 下列对这首诗的理解,不正确的一项是(　　)

A. 诗歌开头两句概括了诗人的生平,既生动,又有气魄,读之震撼人心。

B. 第三句说大鹏虽然中天摧折,但其遗风仍然可以激荡千秋万世,显出诗人一贯的自信。

C. 诗人以大鹏自比,把它看作自己精神的化身。

D. 这首诗是诗人对自己一生的回顾与总结,描绘了自己像大鹏一样自由翱翔的人生。

诗情感悟

1. 有人认为这首诗是李白自撰的墓志铭,情感复杂。你认为这首诗表达了怎样的情感?(　　)(多选)

A. 壮志难酬、遭际坎坷的激愤悲慨。

B. 理想幻灭，但仍不失自信。

C. 知音难觅、无人理解的慨叹。

D. 大鹏再次展翅，理想就要实现的喜悦。

2. 李白以大鹏自喻，诗句“____________________”写出了他虽有一腔热情与满腹才华，却未得重用，留下的既是无处施展抱负的遗憾，也是无法振翅九天的不甘。

诗句赏析

小雅助学

大鹏在李白的眼里是一个带着浪漫色彩的、非凡的英雄形象。李白常把它看作自己精神的化身。《李太白全集》开卷第一篇就是《大鹏赋》。这篇赋的初稿，写于李白青年时代。可能受了庄子《逍遥游》中所描绘的大鹏形象的启发，李白在赋中以大鹏自比，抒发他要使“斗转而天动，山摇而海倾”的远大抱负。后来李白在长安，政治上虽遭遇挫折，被唐玄宗“赐金放还”，但并没有因此志气消沉，大鹏的形象，仍然一直激励着他努力奋飞。临终之际，他觉得自己这样一只大鹏已经飞到不能再飞的时候了，他要为大鹏唱一支悲壮的《临路歌》。

大鹏的形象，在庄子文中诞生，在李白诗赋中完成升华。从此，大鹏作为一个壮志凌云、搏击万里的形象，在文学史册中熠熠生辉。

1. 李白以大鹏自比，暗喻自己的人生际遇，抒发自己的远大志向。请结合诗歌和材料，完成连线。

大鹏飞兮振八裔	年老体弱，壮志未酬
中天摧兮力不济	雄心壮志，抱负远大
余风激兮万世	理想虽灭，不失自信
游扶桑兮挂石袂	政治受挫，赐金放还

2. 我们学过的古诗中写到了许多美丽可爱的鸟儿，比如黄鹂、白鹭、燕子等等。你觉得诗中的“大鹏”可不可以换成这些鸟儿？为什么？

____

____

拓展延伸

李白在青年时代写过一首《上李邕》，在这首诗中他也以大鹏自比，展示自己的雄心壮志。请你上“古诗文网”查找这首诗歌，结合注释，理解诗意。

1. 请你将诗中以大鹏自比的诗句抄写在下面的横线上。

____

____

2.《上李邕》和《临路歌》同是以大鹏自比，表达的情感却不尽相同。反复吟诵这两首诗，体会它们的不同之处。

第五章　豪情太白，千古诗仙

小雅说

从贺知章把“谪仙人”的名号安在李白身上起，这个“仙”字就和李白紧紧捆绑在了一起。

人们称李白为“诗仙”，意思是李白写的诗超出凡品。一来他的诗极具“仙气”，二来他在诗中常会描写“仙人”的生活。无论是“不敢高声语，恐惊天上人”，还是“举杯邀明月，对影成三人”，李白用他的浪漫与豪放书写了一份似真似幻的飘逸。这份浪漫是盛唐的富庶造就的，这种豪放是盛唐的强盛培植的。可以说，唐朝是在最好的年代迎来了最好的李白。

那李白是“仙”吗？相信每一个人心中都有属于自己的答案。

有人认为，李白从年少轻狂到晚年轻狂，一生追逐梦想，热爱诗和远方。他仗剑闯天涯，以酒会佳友，追求自由的人生。他也曾隐居深山，问道求仙。这么看来，李白想成“仙”也努力成“仙”。但是，纵观李白的一生，很多时候，他免不了仍是一个“俗”人：刚刚向胡紫阳道长问道，转身就写了《酬崔五郎中》，表现自己在仕途上的雄心壮志，够“俗”；刚刚“走后门”求人介绍入官场，转身就不满仕途，厌倦官斗，不愿摧眉折腰，够“俗”。就是这样的“仙”与“俗”，成就了这样一个伟大的矛盾体——李白。

也有人认为，古往今来，多少人都期待建功立业，不是为了金钱，也不是为了名利，而是追寻那种成就感，李白也不例外。古往今来，没有哪个诗人比李白活得更率真，他将自己的喜怒哀乐都袒露在外，毫不掩饰。李白，正是这样一个随时原谅生活，时时充满阳光与斗志的“少年”。所以，在很多中国人的心中，他是那个永远的“谪仙人”。

第一节　名人评李白名言

在许多人眼中，李白不是仙人，胜似仙人，他被称为“诗仙”“酒仙”。他还有一身好剑术，仗剑远游，行侠天下，充满神秘色彩。在这一节中，我们借助古今中外名人对他的评价，感受人们对他的仰慕、崇拜。

（一）“诗仙”

昔年有狂客①，号尔谪仙人②。笔落惊风雨，诗成泣鬼神。

——〔唐〕杜甫《寄李十二白二十韵》

自三代以来，《风》《骚》之后，驰驱屈、宋，鞭挞扬、马，千载独步，唯公一人。

——〔唐〕李阳冰《草堂集序》

①狂客：指贺知章。贺知章晚年自号四明狂客。

②谪仙人：被贬谪的神仙。贺知章第一次读李白诗时，如是赞道。

李白在长安时，去拜访久负盛名的大诗人贺知章，贺知章读了他写的《蜀道难》，为他的文采所折服，惊叹他是天上下凡的仙人，即“谪仙人”。从此，李白名震京师，“圈粉”无数。

《寄李十二白二十韵》里，杜甫借用贺知章的话，赞扬李白妙笔生花，连风雨也为之惊叹，连鬼神也为之哭泣。确实，李白的诗，豪迈奔放，雄奇飘逸，瑰丽动人。这个伟大的浪漫主义诗人，站在一千多年前的盛唐大地上，唱出了所有人心中的喜悦、愤怒与狂想。在中国千百年的诗歌史中，像这样的旷世奇才，唯李白一人。他诗歌的艺术成就、思想成就，都是"千载独步"的。

在海外，也有不少学者是李白的粉丝，他们对李白诗歌的浪漫主义风格也作了高度评价：

包括杜甫在内的其他唐代诗人，没有人像李白这样竭尽全力地描绘和突出自己的个性……李白的艺术是完全自然的、无法掌握的及近乎神灵的。

——[美]斯蒂芬·欧文

李白打开了在他之前人们闻所未闻的广阔世界的大门……他的天才在俄国文学界也将得到承认。

——[俄]瓦西里耶夫

(二)"酒仙"

李白嗜[1]酒，不拘小节。然沉酣中所撰文章，未尝错误；而与不醉之人相对议事，皆不出太白所见。时人号为"醉圣"。

——〔五代〕王仁裕《天宝遗事》

谪在人间凡几年，诗中豪杰酒中仙。

——〔金〕李俊民《李太白图》

①嗜(shì)：喜欢，特殊的爱好。

盛唐的许多文人都好酒，李白更是以此出名。他和贺知章、李适之、李琎等八人，被杜甫称为"饮中八仙"。从这美称中，我们可以感受到李白不凡的气度、洒脱的情怀、自由的精神和独立的人格。

酒，给予李白丰富的想象力，让他的思绪如天马行空，无可阻挡。我们没法考证李白的诗篇佳作是不是都是酒后所作，但可以肯定的是，酒后的李白吟诵出了不少传世名篇。

(三)"游侠"

然喜纵横术[1],击剑,为任侠[2],轻财重施。

——〔宋〕宋祁(qí)

庄、屈实二,不可以并,并之以为心,自白始。儒、仙、侠实三,不可以合,合之以为气,又自白始也。

——〔清〕龚自珍

①纵横术:通常指以辩才陈述利害、游说君主的方法。

②任侠:任侠之士。指能见义勇为的人。

少年时代,李白就有侠客梦。十几岁时,李白的生活就是两件事:读书、练剑。读书使他眼界开阔,胸怀正气;练剑让他的人生路走得更为广阔、潇洒。

在李白心中,信守诺言、抑恶扬善、轻财好施的传统游侠精神和建功立业、报效国家的理想融为一体,从而形成全新的儒侠风范,这是其游侠精神的高度升华,也是他一生追求的最高理想。

拓展延伸

1. 通过查阅资料,收集其他名人对李白的评价,抄写在下面。

____

____

____

2. 你觉得李白是一个怎样的人呢?请把你对他的评价写下来。

____

____

____

第二节　儒、道、侠集一身

李白是盛唐气象的杰出代表，深受儒家、道家、游侠思想的影响，具有独特的个人魅力和人格力量。当代诗人余光中认为李白是“中国诗人的代表”，对李白有着非常深厚的情感，他曾写下《寻李白》，用最深情的语言，对诗仙最独特的人生进行了最精彩的描摹：

酒入豪肠，七分酿成了月光
余下的三分啸成剑气
绣口一吐就半个盛唐

余光中这几句诗将李白的生命精神——“月”“酒”“诗”“剑”——熔铸为光华灿烂的咏叹。盛唐的巅峰诗人李白，是诗仙，也是诗侠，故说“七分酿成了月光/余下的三分啸成剑气”。他从小喜欢剑术，深受游侠精神的影响，有着为国献身的使命感。李白潇洒旷达、狂傲自负的个性特征，也正是古代侠士不羁洒脱的性格气质的体现。李白读书习剑，为的是有朝一日，拔剑扬眉，报效国家。

余光中在诗中还这样写道：

一回头囚窗下竟已白头
七仙、五友，都救不了你了
匡山给雾锁了，无路可入
仍炉火未纯青，就半粒丹砂①
怎追蹑葛洪②袖里的流霞

①丹砂：辰砂，俗称朱砂。古代道家炼制外丹的常用原料，一般为颗粒状或粉末状。

②葛洪：东晋道教理论家、医学家，擅炼丹术，自号抱朴子，丹阳句容（今属江苏）人。

李白有着强烈的“济苍生”“安社稷”的抱负，这是超越传统游侠精神之外的儒家济世思想，他的最终理想是“平交王侯”“一匡天下”而“历抵卿相”，建立盖世功业。但李白一路前行，坎坷无数。他曾被玄宗看中，奉诏入朝，却不甘心做个御用文人，于是离开长安，漫游各地。直到晚年，他怀着宏愿加入李璘军队，却卷入政治斗争。去世前一年，他还请缨参军，想为平乱尽力。这些足以看出，他始终坚持着济世的儒家理想，既不逃避现实，也不向现实屈服。

当理想在现实生活中无法实现时，道教就更成为他排遣郁闷的工具。自小受到道教熏陶的他，选择寄情山水，求仙访道，接过道箓，成为有“文凭”的道士，炼丹服药，寻求精神上的超脱，麻醉痛苦不堪的灵魂。现实生活的黑暗，让他更强烈地幻想并追求美好的神仙世界。他放荡不羁的性格，飘逸洒脱的气质，都来源于道家的思想基础。

这就是李白，在他思想中，儒、道、侠三家思想杂陈，既有豪迈仗义的气概，昂扬奋发的济世报国情结，也有寄情山水、躲避世情的情感。正是融合了儒、道、侠三种思想，才成就了不可模仿、不可重复的遗世独立的“诗仙”，李白将永远在诗坛上散发夺目的光辉！

拓展延伸

1. 李白深受儒、道、侠思想的影响，这在他创作的作品中常有体现，如《侠客行》就充分展现了他的侠义之气，你还知道其他这样的作品吗？可以上“古诗文网”查一查，摘录下来。

____

____

____

____

2. 你喜欢李白吗？如果穿越到唐朝见到李白，你会和他说什么？

____

____

参考答案

第一章第一节

【诗意探究】

1.略　2.(1)①峨眉/山月/歌　②峨眉/山月/半轮秋,影入/平羌/江水流。　(2)秋季　半轮秋　(3)峨眉—平羌—清溪—三峡—渝州

【诗情感悟】

1.BD　2.B

【诗句赏析】

1.A　2.动词:入、发、向、下　不能交换。"入"是映入的意思,指的是月亮倒映在江面;"发"是出发的意思,表示从清溪出发;"向"指奔向三峡;"下"指顺流而下,直指渝州。这些动词意思并不相同,体现了诗人用词的丰富性和准确性,因此不能交换。

【拓展延伸】

"举头望明月,低头思故乡"——展现了诗人思乡怀亲之情

"小时不识月,呼作白玉盘"——描写了孩童的天真烂漫之态

"月下飞天镜,云生结海楼"——表达了诗人广阔的胸襟和开阔的视野

"举杯邀明月,对影成三人"——体现了诗人无人亲近的寂寞孤单之感

第一章第二节

【诗意探究】

1. 写了李白渡过荆门辞别家乡的事情　2.(1)荆门　楚国　(2)江水奔腾图　天边云霞图

【诗情感悟】

1. C　2. 仍怜故乡水，万里送行舟　低沉深情

【诗句赏析】

1. 江　大荒　云　海楼　示例：两个黄鹂鸣翠柳，一行白鹭上青天　春种一粒粟，秋收万颗子（答案不唯一）　2. 略

【拓展延伸】

示例：1. 山重水复疑无路　2. 千山鸟飞绝　3. 国破山河在　4. 咬定青山不放松　5. 若非群玉山头见　6. 平明送客楚山孤　7. 轻舟已过万重山（答案不唯一）

第一章第三节

【诗意探究】

1. 略　2.(1)此夜/曲中/闻/折柳，何人/不起/故园/情。(2)B　(3)此夜曲中闻折柳，何人不起故园情

【诗情感悟】

1. D　2. C

【诗句赏析】

1. 略　2. 示例：

《青门柳》

白居易

青青一树伤心色，

曾入几人离恨中。
为近都门多送别，
长条折尽减春风。

《送元二使安西》
王维
渭城朝雨浥轻尘，
客舍青青柳色新。
劝君更尽一杯酒，
西出阳关无故人。

【拓展延伸】

示例：两首诗都是在夜晚写的，都写到了笛声、柳树、故园，都表达了客居他乡时的浓浓乡愁。

第一章第四节

【诗意探究】

1. 略　2. D

【诗情感悟】

1. A　2. 浮云　即将远行，漂浮不定（言之有理即可）　落日　依依惜别

【诗句赏析】

1. 略　2. 略

【拓展延伸】

示例：

《黄鹤楼送孟浩然之广陵》
故人西辞黄鹤楼，
烟花三月下扬州。

孤帆远影碧空尽，
唯见长江天际流。

《渡荆门送别》
渡远荆门外，来从楚国游。
山随平野尽，江入大荒流。
月下飞天镜，云生结海楼。
仍怜故乡水，万里送行舟。

第二章第一节

【诗意探究】

1.略　2.(1)长安　入蜀　(2)蜀道之难，难于上青天

【诗情感悟】

1.B　2.黄鹤之飞尚不得过，猿猱欲度愁攀援　扪参历井仰胁息，以手抚膺坐长叹　3.略

【诗句赏析】

1.略　2.危楼高百尺，手可摘星辰　3.示例：飞流直下三千尺，疑是银河落九天。　白发三千丈，缘愁似个长。(答案不唯一)

【拓展延伸】

略

第二章第二节

【诗意探究】

1.略　2.选②　理由不唯一，结合诗中写到的牡丹、杨玉环等阐述即可。

【诗情感悟】

1.没有唯一答案，阐述理由合理，能自圆其说即可。　2.任选一

个人物,结合他的身份及与李白的关系进行点评即可,答案不唯一。

【诗句赏析】

1.略　2.B

【拓展延伸】

略

第二章第三节

【诗意探究】

1.略　2.C

【诗情感悟】

1.孤独。诗人与明月、影子时而同饮,时而歌舞,丰富的想象更反衬出诗人在人世间的孤独与寂寞。　不孤独。月下独酌本是苦闷之事,但诗人却能邀明月和自己的影子一起饮酒、起舞,甚至相约下次再一起共饮,抒发了诗人旷达超脱的浪漫情怀。(言之有理即可)　2.略

【诗句赏析】

1.同意。李白当时遭遇排挤,仕途不顺。虽然诗中有对现实的不满,以及无力改变现实的苦闷,但也有不可一世的旷达和反抗精神,自在而潇洒。(言之有理即可)

2.示例:

酒:明月几时有?把酒问青天。
　　白日放歌须纵酒,青春作伴好还乡。
月:月黑雁飞高,单于夜遁逃。
　　野旷天低树,江清月近人。

【拓展延伸】

略

第二章第四节

【诗意探究】

1. A　2. 垂钓碧溪　乘舟梦日

【诗情感悟】

1. A　2. 从怀才不遇和仕途不顺的茫然变为对仕途前程的期盼，再到对前途充满信心，积极、乐观。

【诗句赏析】

1. 不能换成其他词。“破”富有动感，充满气势，充分表达了作者的乐观与自信，以及对理想的执着追求。　2. 联系生活部分略。此句显示了政治现实对诗人远大理想的阻遏，但又形象地展示了诗人为理想自强不息的奋斗精神，以及身处逆境仍保持乐观进取的人生态度。（言之有理即可）

【拓展延伸】

略

第三章第一节

【诗意探究】

1. 略　2. 我欲因之梦吴越，一夜飞度镜湖月　忽魂悸以魄动，恍惊起而长嗟　惟觉时之枕席，失向来之烟霞

【诗情感悟】

1. D　2. 世间行乐亦如此，古来万事东流水

【诗句赏析】

1. 略　2. B　3. 略

【拓展延伸】

《梦游天姥吟留别》的仙境场面宏大，波澜壮阔，令人流连忘

返；《古风》（其十九）的仙境清冷凄凉，有一种落寞的柔情。

第三章第二节

【诗意探究】

1.略　2.C　3.君不见高堂明镜悲白发，朝如青丝暮成雪

【诗情感悟】

1.B　2.钟鼓馔玉不足贵，但愿长醉不复醒

【诗句赏析】

1.略　2.C

【拓展延伸】

略

第三章第三节

【诗意探究】

1.（1）闻/王昌龄/左迁龙标/遥有此寄　（2）B　2.（1）暮春时节　杨花落尽子规啼　（2）闻道龙标过五溪　（3）我寄愁心与明月，随君直到夜郎西

【诗情感悟】

1.哀伤忧愁　明月　2.答案不唯一，能写出对友人遭遇的深刻忧虑，对当时现实的愤慨不平即可。

【诗句赏析】

1.略　2.3124

【拓展延伸】

略

第三章第四节

【诗意探究】

1. 宣州/谢朓楼/饯别/校书/叔云　2. 长风万里送秋雁，对此可以酣高楼　3. D

【诗情感悟】

1. ①②　③④⑤　⑥　⑦　2. 俱怀逸兴壮思飞，欲上青天览明月

【诗句赏析】

1. 将抽象的愁绪形象化，表现了愁思的绵长不断和难以排解。巧用比喻，将无穷的烦忧比作眼前不尽的流水，生动形象地写出了用饮酒买醉的办法去解除忧愁，结果内心更加愁苦，就像用刀切断水流，结果水反而流得更急。诗句抒发了诗人虚度光阴、壮志难酬、报国无门的愁绪。　2. 略(言之有理即可)

【拓展延伸】

略

第四章第一节

【诗意探究】

1. 略　2. (1)章台　麒麟殿　(2)五侯七贵同杯酒——与权贵同饮　章台走马著金鞭——骑马逛大街　文章献纳麒麟殿——文章被赏识　歌舞淹留玳瑁筵——赴宴赏歌舞

【诗情感悟】

1. B　2. C　A　B

【诗句赏析】

1. 略　2. (1)风流肯落他人后？　何日金鸡放赦回？　(2)这

两种表达形式不能调换。第一句用反问表达了诗人春风得意时的豪放之情,第二句用疑问抒发诗人落魄之际对于前程的迷茫。

【拓展延伸】

1.略(注意从右往左的格式) 2.“千里”“一日”“轻舟”“万重山”等。 “千里”和“一日”:以空间之远与时间之短作对比,极力形容船行之快,它不仅表现出诗人“一日”而行“千里”的痛快,也透露出遇赦的喜悦。 “轻舟”:直说船快,那便显得笨拙,而这个“轻”字,却别有一番意蕴,顺流而下,行船轻如无物,船的速度可想而知;诗人的心情也好似轻舟,纷乱的往事如万重山川被远远抛在脑后,新的人生、新的希望就在眼前。

第四章第二节

【诗意探究】

1.(1)后人得之/传此,仲尼亡兮/谁为出涕? (2)孔子 大鹏从半空坠下的消息 2.D

【诗情感悟】

1.ABC 2.游扶桑兮挂石袂

【诗句赏析】

1.大鹏飞兮振八裔——雄心壮志,抱负远大 中天摧兮力不济——年老体弱,壮志未酬 余风激兮万世——理想虽灭,不失自信 游扶桑兮挂石袂——政治受挫,赐金放还 2.不可以换。这些鸟儿虽然美丽可爱,但没有大鹏展翅的雄风,无法显示诗人的豪情壮志。

【拓展延伸】

1.大鹏一日同风起,抟摇直上九万里。假令风歇时下来,犹能簸却沧溟水。 2.略

第五章第一节

略

第五章第二节

略